哲学中的十大命题

Ten propositions in philosophy

朱志宇 ◎ 著

中国书籍出版社
China Book Press

图书在版编目（CIP）数据

哲学中的十大命题 / 朱志宇著. —北京：中国书籍出版社，2018.6
ISBN 978-7-5068-6866-2

Ⅰ.①哲… Ⅱ.①朱… Ⅲ.①西方哲学—研究 Ⅳ.①B5

中国版本图书馆CIP数据核字（2018）第102264号

哲学中的十大命题

朱志宇　著

责任编辑	王志刚
责任印制	孙马飞　马　芝
封面设计	聂鹤启　展　华
出版发行	中国书籍出版社
地　　址	北京市丰台区三路居路97号（邮编：100073）
电　　话	（010）52257143（总编室）（010）52257140（发行部）
电子邮箱	chinabp@vip.sina.com
经　　销	全国新华书店
印　　刷	北京墨阁印刷有限公司
开　　本	710毫米×1000毫米　1/16
字　　数	150千字
印　　张	14
版　　次	2018年6月第1版　2018年6月第1次印刷
书　　号	ISBN 978-7-5068-6866-2
定　　价	68.00元

版权所有　翻印必究

本书奉献给普天下追求真理和智慧的人们，愿真理之光照耀人们人生之路，智慧能量福泽人们永恒幸福！

This book is dedicated to all who pursue truth and wisdom. May their way be illuminated by the light of truth and they achieve eternal happiness through the power of wisdom.

前　言

这是一个哲学崩塌的时代，似乎又是一个哲学重建的时代。

西方哲学从古希腊开始，至今已有2000多年，既有过辉煌的时期，也产生了诸多危机，虽延绵不绝，又跌荡起伏。赵敦华先生在《20世纪西方哲学的危机和出路》中，总结了西方哲学的"四次危机"。第一次是古希腊自然哲学至公元五世纪时期：自然哲学的原则和结论遭到了智者的相对主义、怀疑主义的诡辩与功利精神的挑战。危机之后出现了古代西方哲学最辉煌的成果——苏格拉底、柏拉图和亚里士多德哲学；第二次是希腊化哲学在古罗马时期：罗马官方哲学家的贵族式的清谈与虚伪和伦理化后哲学的践履精神与普及性正相反对。这次危机过后为基督教哲学的诞生铺平了道路；第三次危机是15和16世纪人文主义尖锐地批判经院哲学，而新旧学说交替，科学与伪科学混杂，相对主义流行等。这一时期危机之后又产生了一个个新的哲学体系，似乎新时代的哲学精神又被拯救起来；第四次危机是19世纪和20世纪的解构哲学、相对主义和虚无主义对以往哲学的冲击。为此他总结说："一个个哲学流派的兴衰枯荣，一批批哲学家熙来攘往，构成一幅幅扑朔迷离的场景。"哲学家罗蒂借用一句好莱坞的行话："我们每一个人都是五分钟的明星。"黑格尔的描述则更为血腥:"全部的哲学史成了死人的王国,那里充满着已经被推翻了的哲学体系的骸骨。"第四次的哲学危机又被西方人称为"哲学的终结",这次危机的出路又在哪里?其矛盾和困惑、焦虑与不安无疑会不停地折磨着当代哲学家的心灵。

我们一次又一次地看到了西方哲学的危机现象,但却不知其根源何在。其实,西方哲学的产生和发展,从其根源上已经埋下了死亡的种子。

哲学是"爱智慧"的代名词,是追求真理的探索过程,无论什么样的哲学体系,如果揭示的不是真理,而是邪理邪说,任凭你有再大的势力、再高的智慧、再响的名声,也没有办法建立真理性的理论体系。恰恰相反,用非真理而言论的哲学体系往往又是无智的表现。依此见解,走出哲学危机的唯一出路,是跟随真理的脚步。因此,第四次哲学危机的好处是:正在促使西方哲学家或科学家转变思维方式,改变认知模式,甚至不停地向东方哲学靠拢,以崭新的心灵智慧基础,来完成穿透现象,理解世界,直达本源的革命性转变。

高名凯先生在《评近三十年中国思想史》一文中讲过:"我国自西洋思想输入之后,国人每得西人之一鳞一爪即可大出风头。实则数十年来的思想,在守旧方面不能跳出古人的圈子,在维新方面,又不能越西人思想的雷池一步。中国近年并没有具有独创精神的大思想家。"而陈康先生在所著《柏拉图巴曼尼德斯篇》之序言中也有愿景:"能使欧美的专门学者以不通中文为恨,甚至欲学中文,那时中国人在学术方面的能力始真正昭著于全世界;否则不外乎是往雅典去表现武艺，往斯巴达去表现悲剧，无人可与之竞争，因此也表现不出自己超过他们的特长来。"这些愿景良好，但国人盲目地崇拜西方哲学的学术标准和运行方式，跟随西方人的时髦学说，趋之若鹜，人云亦云，时至今日，仍未改变国人跟风掠影之现象。

目前从各大高校及研究机构消化、吸收、理解西方哲学现象上看，虽经几十年的努力汲取，取得了非常可观的成果。但在创新方面，尤其是超越方面，尚罕见有能一解西方哲学遇到的各种矛盾、困惑和危机的哲学新论，这不能不说是一个遗憾。

东方人的心灵智慧与西方人截然不同，故认识世界的方法论及世界观和价值观也大相径庭。如果仅仅局限于西方哲学的逻辑思维，不能站在中国固有的传统文化优势基础上，来突破创新、引领超越，仅仅喊着多元文化建构，平等对话学术思想甚至是建立真正的文化自信，那只是一句空话而已。

这本拙著即是本着这一原则与角度，就西方哲学表现的最为困惑、始终不能解决的十大问题：如本体与现象、宗教与科学、运动与静止、生死与信仰、逻辑与理性等等立成十论，以非学院化的语言，力争用最简单的思维方式，又不同于西方哲学的逻辑体系，来揭示本体论、动静论、本始论、生死论、因缘论、中观论、智信论、破执论、二律论和因明论等，尝试着去解答西方哲学家遇到的这些危机问题。以期建立东方哲学与西方哲学平等对话与交流中的互鉴互学，完成哲学向真理性方式的过渡。

这里需要说明的是，西方哲学从古到今的发展，已经构成的波澜壮阔的历史图景，一个又一个哲学家的体系形成了哲学上的汪洋大海，认识触角遍布于本质学、现象学、逻辑学、宗教学、自然科学、伦理学、文化艺术哲学及历史哲学等等。而中国传统文化儒、释、道的三足鼎立中，儒学与道家的经典没有这些知识点的分布与探求，难以直接与其对接而形成对讨交流之架构，学术又不能生搬硬套。但佛学自古印度传播至中国，形成汉传佛教和藏传佛教两大体系，其经、律、论之博大精深，恣肆汪洋，不仅完全覆盖了西方哲学的所有范畴，且在每一领域都有高妙博远的超越，故选择十大论题（亦是西方哲学的十大难点）作为哲学命题的例引方式，来借鉴式建立东西方哲学的对话形式，其旨趣是让世界的真理在人们面前真实呈现出来。虽说本书仅选择十个哲学命题为探讨对象，其实是知一则知十，甚至是知一则知一切的。故一明俱明，一昧俱昧。从这个角度上讲又是一而十，十而一的。但十个命题从不同角度反复申论，也有相互证成的逻辑含蕴其中，以便由一真理出发，而普识所有现象，这也是大道至简之诠释。

当然，就西方哲学而言，已经是浩如烟海，而西方哲学之知识体系与佛学相比，又是大海中之一沤而已，故对其两大学系，即便是穷其一生，也难完全领略和掌握。更何况佛法之甚深见非意识形态所能事，必泯识显智，明体达用，直入法界源底方可。故此十论只能算是敷草两大学系之皮毛，起抛砖引玉之作用。又不当不确之言常不免于书之中，希冀诸君批评与指教！是为序之肺腑言耳。

2018 年春节于广州凤凰城

目 录

第一章 存在与本质
　　　　——本体论..........1

第二章 芝诺的悖论与《物不迁论》
　　　　——动静论..........30

第三章 苏格拉底悖论之正解
　　　　——本始论..........48

第四章 两个洞穴之喻
　　　　——生死论..........57

第五章 四因与四缘
　　　　——因缘论..........77

第六章 中庸与中道
　　　　——中观论..........91

第七章 信仰与理性
　　　　——智信论..........106

第八章　我思故我在与我执故我在

　　　　——破执论……………………………127

第九章　必然与自由的延伸

　　　　——二律论……………………………146

第十章　逻辑学中的困惑

　　　　——因明论……………………………178

第一章 存在与本质
——本体论

对高深莫测的本体性的研究是源于一句最简单的提问开始的：这个世界是怎么形成的，人是从哪里来的？又会到哪里去？诚然，对此话题不感兴趣的人们也许并不会因此陷入烦恼和麻烦之中，也许只用每天过好平常的日子就行。但这"好"的标准也是无法建立的，因为不知道什么样的"好"才算真好。而有一些特殊的、少部分的人则不是，不管这个世界内部隐藏多大的秘密，他们总有不能停住的好奇心，希望通过自身的各种努力，去揭示这个世界的本原问题。故对本原的研究，就成了哲学所要回答的基本问题和首要问题。本原也是本体，即是古希腊哲学中所说的"始基"问题。亚里士多德在《形而上学》一书中说："不论现在还是过去，人们只是由于诧异才开始研究哲学。他们起初对眼前的一些问题感到困惑，然后一点点地推进。提出较大的问题，如关于日月星辰各种现象问题，关于宇宙生成问题。"[1]由简单问题推演的复杂性，似乎让哲学研究进入了让人难以迈入的神圣殿堂，成了望而生畏的学术领域。

纵览中西方哲学乃至宗教学，不妨对事物本体的研究出现的林林总总，作一下粗略的概括，看可否能清楚揭示一下这个世界的本原，以此来回答和解决世界上所有人类面临的各种难题。

一、古希腊自然哲学时期

古希腊神话中就有崇拜酒神的奥尔弗斯（Orpheus）教派认为，万物起源于黑暗女神（Nίξ），黑暗的混沌产生出代表爱欲生殖力的蛋（ωόυ），从中产生万物。后来发展到古希腊的自然哲学家，以沉思静观的态度来考察世界和理解宇宙，寻找事物存在和运动的原由。他们认为宇宙是有本原的，宇宙中的一切现象是由本原产生演变而来，本原是在宇宙内部起作用并赋予宇宙万物特定的秩序的原因。比如被西方哲学界称为第一位哲学家的泰勒斯提出的"水是万物的本原"。水推动万物的力量被称作"湿气"[2]，也是万物的灵魂，它弥漫于万物之中，无所不在。阿那克西曼德认为："在火、气、水、土之中任何一种不能生成万物"；生成万物的本原只能是"某种介于水与气或气与火之间的中介，这种中介比火和气浓厚，又比其他东西稀薄"，[3]这种本原没有任何规定性，是无规定性的"中性"状态，故被称为"无定"。赫拉克利特认为："世界秩序不是任何神威人所创造的，它过去、现在、未来永远是永恒的活火，在一定分寸上燃烧，在一定分寸上熄灭。"[4]赫拉克利特的"火本原说"既指出了万物永恒不变的原则，又指出了世界秩序（分寸）。他将此定义为"逻各斯",即宇宙的理由或理性。而火的运动,万物的生灭是可感知的,但逻各斯是不可感的,只能由智慧认识它。故其残篇名言:"自然喜欢隐藏自己。"[5] 这就揭示了"思想是最大的优点,智慧就在于说出真理,并且按自然行事,听自然的话"。[6] "承认一切都是一就是智慧","真正的智慧是一。"[7] 毕达哥拉斯主张"数本原说"。其数的规定性有三种:一是数学比例关系,它决定了事物构造以及万物之间的和谐;二是数学中的对立关系,如有限和无限,奇数和偶数,一和多等等;三是数字能展示自然和社会的属性类比关系。比如4代表正义,10代表完满,而左右、阴阳、静动、明暗、善恶都可用数字类比。数也可与此灵魂相统一,"灵魂是一种和谐。"[8] 认为灵魂是不朽的,遍布于一切生命万物之中,哲学与音乐是用来净化灵魂的。既然是灵魂不朽,那必然是由一个身体转移到另一个身体,因此"灵魂不朽"、"灵魂转世"、"灵魂净化"是毕达哥拉斯学派的核心理念和实践行为。其学派成员禁食生灵,用素食献祭等。有一个传说是:毕达哥拉斯在一个被挨打的幼犬的哀吠中听出了已故朋友的声音。

爱利亚学派的克塞诺芬尼提出"神"是唯一、不变的本原。而他的学生巴门尼德用本原为"存在"的学说将哲学的思辨推向了顶峰。在他的哲学诗的开始,借正义女神之口,指出了真理之路和意见之路的区分。真理代表着光明,意见代表着黑暗。而理智的对象是光明的真理,感觉则是通往黑暗的意见。"一条是存在的东西不能不是,这是确信的途径,与真理同行;另一条是不存在的东西必定不是，我要告诉你，此路不通。"[9] 即理智所能确定的事物必定存在，而感觉考虑的变化无定的东西，它什么东西都不是。因此，理智与存在是同一的。理智认识的对象为存在，那么它具备以下性质：①不生不灭；②连续性；③完满性。因为存在不需用生成，若"存在生成存在"，则是一个自相矛盾的说法；若"非存在生成存在"，那是不可能的，因为非存在什么都不是，不能生成任何东西。故"存在既不是过去又不是将来，因为它全部是现在"。[10] 而存在又是不可分割的，故存在是"连续的一"，同时也是"不动的一"，有动有变化就是不完满，完满是整体，故存在是不变的。"对此有人诘难说：如果承认存在是不变的一，那么便会得出事物不能运动，不能彼此区分的荒谬结论。而巴门尼德学派则反击说：如果承认存在是变化的多，那么也会得出事物不能运动，不能彼此区分的结论，并且这是与前提相矛盾的悖论，更加荒谬。"[11] 柏拉图曾评价"辩论双方的策略都是揶揄"，[12] 即双方的思辨既有道理，也都错误，这个矛盾涉及到哲学中最为深刻的本体问题，也是西方哲学争辩最为激烈的问题。我们将在结论中予以真理性的回答。而只有解决这一长期以来困惑人们的难以理解的矛盾，才能真正让哲学走出误区。

再后来就是恩培多克勒的"四根说"，即"火"、"土"、"气"、"水"是组成万物的根，万物因四根的组合而生成，因四根的分离而消失。但按辛普里丘的说法，应该是"六本原说"[13]，因为恩培多克勒用四根说明事物的可感性质，用爱和恨说明事物的生灭变化，并得出以下的性质：①四根不生不灭；②一和多的永恒循环；③爱和恨为事物的动力因；④事物因为爱向圆满和谐方向发展的进化论观念。

阿那克萨哥拉及阿尔克劳的"心灵种子说"将本体论又推高了一层。"混合物一开始就内在于心灵之中。"[14]而心灵是万物能动的本原。阿那克萨哥拉对心灵作了这样的论述："其它东西都是万物的部分，只有心灵是无限的、自主的、不与任何东西相混合，而是完全自在的"，"它是最精细、最纯粹的东西，它知道一切，具有最大的力量；心灵还支配着一切灵魂的东西，不管它们是大的，还是小的。"[15]赵敦华先生在《西方哲学通史》中对此总结他的哲学中说："①心灵是无形的，因而不是其它事物的部分，也没有任何部分；②心灵是不与事物相混合的独立存在，因为无形的东西不能与有形的部门相混合；③心灵是最精细的东西，任何部分都可被继续分割，即使无限小的部分也不能算作最精细的东西，只有没有部分，因而也不可分割的心灵才是最精细的；④心灵是无限的，因为心灵没有部分，因此不能对它加以区分，又因为心灵支配着无限多的事物，因此心灵是无所不在、无边无涯的力量；⑤心灵具有关于事物的知识，它不仅是纯粹的活动，而且具有知识的内涵，'知识'在这里指对事物的一种把握（如他所说：'所有过去，现在和将来存在的东西，都是心灵安排的'），它决定了心灵活动的秩序和方向；[16]⑥心灵高于、优于灵魂，灵魂也受心灵支配。"[17]可以讲由于阿那克萨哥拉及阿尔克劳哲学上的努力，算是结束了自然哲学的各种思想倾向，包括后来的原子论者。且对苏格拉底和柏拉图的哲学思想有着深刻的影响。

二、古希腊三杰时期

此"三杰"特指的是苏格拉底、柏拉图和亚里士多德。这是在古希腊时期最有成就的三位杰出哲学家,而他们的学说,不仅纠正了自然哲学家的许多不足,还为西方哲学乃至西方文化各领域奠定了理论基础,成为了西方文化文明的真正源头。

苏格拉底终生没有哲学著作,欲了解他的思想必须通过柏拉图的对话及色诺芬为他作的传记。苏格拉底从父亲那里继承了雕塑技术,但又同母亲一样,是一位真理的"助产婆"。他以牛虻精神针砭时弊,对诡辩学派似是而非的夸夸其谈之哲学而予以批判,对雅典城邦中自以为是的所谓政治家、诗人和工匠等等谈论的智慧加以揭露,并引导青年人认识"善"的真理。苏格拉底的核心哲学是以"心灵"为本原的学说,他为此赞扬了阿那克萨哥拉发现了这一原则,同时又批评他未能将这一原则贯彻到底。他说:"我往下看,发现这位哲学家完全不用心灵,也不把它当成安排事物的原则,而是求助于气、以太、水和其它稀奇古怪的东西。"[18]为此值得注意的是,彻底贯彻心灵的原则并不要求完全抛弃对自然的研究,而是要求把对自然的研究与对人自身的研究结合起来,通过审视人自身的心灵的途径研究自然,使人自身的"善"和他所发现的自然"真理"协调一致。[19]苏格拉底对自然哲学家的批评是:自然哲学家探讨的本原问题是一个错误的目标,"选择这些思考对象的人是愚蠢的"[20],因为"这些问题是人根本不能解决的"。那些自以为能够解决这些问题的人也不过是各持己见,他们的观点只能引起争论和混乱,达不到真正的目的。因为自然哲学家的途径错了,他们"用眼睛盯着事物,或者试图用某种感官来把握它们",这种感觉观察的方法毫无帮助,思辨的方法也无裨于事。

苏格拉底所谓心灵的原则就是认为人的心灵内部已经包含着一些与世界本原相符合的原则,主张首先在心灵中寻找这些内在的原则,然后再依照这些原则规定外部世界。比如著名的苏格拉底名言:"认识你自己","德性就是知识","邪恶即无知","勇敢是自然的东西,由灵魂适当地培育出来"等等。可以讲,苏格拉底这些哲学洞见,不仅远远超越了前期的自然哲学家们的思想,而且远远深邃于以后的西方哲学家,可谓是达到了西方哲学的顶峰。可惜的是苏格拉底——柏拉图的哲学思想,也没有被后期的西方哲学家彻底贯彻下去,反而不顾他的警告,又无谓地通过思辨和逻辑推理来解决世界的本原问题,并形成了长期的哲学误区,导致西方哲学一次又一次的死亡。后期哲学家的认识论和方法论不仅与苏格拉底相距较远,且认识及方法的路径发生了根本错误。后文将会粗略地对此进行分析和阐述,以求洞明真正的哲学原则以及获得真理的途径和方法。

柏拉图是苏格拉底的学生,他用对话作为著作体裁继承着老师的核心学说以及自己的哲学思想。苏格拉底成全柏拉图和柏拉图成全苏格拉底具有等同的重要意义。因此柏拉图在写给某个人信中说："过去和将来都不会有柏拉图写的著作，现在以他署名的作品都属于苏格拉底，被美化与恢复了本来的面目的苏格拉底。"[21]柏拉图的哲学思想是对以前古希腊哲学，包括早期自然哲学、智者的思想和方法以及苏格拉底的原则和理念进行了创造性的综合。上一世纪英国哲学家怀特海（A.Whitehead）甚至评论说，全部西方哲学史都是柏拉图思想的注脚。柏拉图哲学体系庞大而复杂，涉及本质与存在、灵魂与肉体、个人与国家以及幸福观、社会观、道德观、教育观、法律观、艺术观等方方面面，是西方哲学史中第一个比较完备的哲学体系。鉴于我们本文只是探讨的本质问题，故只不过是简略介绍其这一方面的思想观点。

柏拉图与苏格拉底稍显不同的是，他是以"善"为最高原则的本原观。他说："给知识对象以真理，给认知者以认识能力的实在就是善的理念。""知识的对象不仅从善在之处所获得到它们的可知性，并且以善得到它的所是之处。善本身却不是一个所是的东西，它的尊严和统摄力量都超过所是的东西。"[22]善是安排、规定这一领域的秩序的外在原则和原因，正如太阳高悬在可感领域之上，照耀着、培育着可感事物一样。善所决定它的可知领域的秩序使每一理念都处于特定的名位，绝对地"是"某一个存在和本质，而"不是"别的存在和本质。但若善只能是心灵作用的结果，或者是柏拉图强调的灵魂作用的结果，那么善就是心灵，也就是神圣的本原。这又与苏格拉底的本质论不谋而合。

当然，柏拉图所说的"善"又有自身的"理型"，它与可感事物不同，是理智可见的对象，也即是理念。因此理念具有绝对性、无形性和外在性；理型具有不变性、单纯性和一般性。这则会与相对的、有形的、复杂的、多变的外在可感事物具有分离的特性，于是又必然产生了理智对应的理念之善的理型世界和意见对应的可感世界（介于善和不善之间），从而被划分为二元世界。这两个世界在柏拉图这里并不是绝对对立的，而是通过"分有"或"摹仿"的方式将"理念型相与可感事物的关系解释为原因与结果、绝对与相对、普通与特殊、整体与部分的关系。一方面是理念型相比可感事物更真实的优越与超越地位，另一方面也承认了可感事物所具有的真实性与合理性。可感事物既然是分有理念型相的结果，它们便不可能不分享理念型相的真实性。同时，可感事物的缺陷也是分有所造成的。"[23]柏拉图说它们"既分有'是'又分有'不是'，但不能正确地归于两者中任何一个"。[24]这些说法虽然有其合理的成分，但也有许多困难之处，在柏拉图谜一样的《巴门尼德斯篇》中，专门论述了分有的困难与矛盾之处，但这不是我们要谈论的重点，有兴趣的读者可以自行研究。

"如果把希腊哲学的概貌比作群峰竞秀的景观，那么，柏拉图和亚里士多德无疑代表着突兀的双峰。他们的思想达到了希腊哲学的最高成就。在一定意义上，早期哲学是他们的思想的准备，晚期希腊哲学是他们思想的余续。"[25]亚里士多德的哲学体系是一个百科全书式的，包括有逻辑学的著作、形而上学的著作、自然哲学著作、伦理学、政治学及美学方面的著作等等。按照他对哲学的理解，哲学是一切科学的总汇，包括理论科学、实践科学和艺术三大类。既然本文研究描述的是本体论这一最核心哲学问题，不妨我们甩开这些枝枝叶叶，直奔亚里士多德的本质与存在的专一学说去看个究竟。

亚里士多德是在总结前人研究的基础上，提出自己认为的本原说。他说："爱利亚派说本原只有一个，其他自然哲学家或主张本原的数目是有限的（如恩培多克勒）；或主张本原数目是无限的（如阿那克萨哥拉和原子论者）。亚里士多德从巴门尼德、麦里梭和阿那克萨哥拉的观点为例，否定了本原数目是一或无限多这两种极端论点。巴门尼德和麦里梭的错误是从错误的前提作出错误的推论。麦里梭从'生成的'东西总是有开端的推导出'不生成的东西必定没有开端'，进而推导出没有开端的东西只能是一，这一推理混淆了时间的开端和空间的开端、实体的生成和实体的运动。运动的本原在时间上的连续性和同一性不能证明它在其它方面也是连续的、同一的。相反，它需要有与自身不同的对立面，否则便不会有变化发生，这个始终存在的东西也不会成为运动的本原。同样的理由可以用来反驳巴门尼德，他混淆作为不变存在的一和作为本原数目的一：前者不可能有对立面，后者必然有对立面；前者是与运动无涉的不真实的假设，后者却是支配运动的真正原因。至于阿那克萨哥拉，如果确如他所说的那样，本原（种子）无限多，那么他一定不会知道本原是什么，因为人所能知道的对象都是有限的。再说，如果每一个本原有或无限大或无限小的体积，那么无限多本原的整体或者无限大，或者无限小。如果每一个本原都有单一或复合的性质，那么它们的整体或者有无限多性质，或者只有单一的性质。本原的组合与分离不能合理地解释事物数量和性质的变化，因而他们不能成为运动的本原。"[26] 不管亚里士多德对前面哲学家的批判是否合理，总之他有自己的看法："运动的本原为有限的多。"理由是："运动既然是对立面的变化，那么起码要有两个本原，分别统摄两个相反的方面。然而，只有两个本原是不够的，因为相反的方面不能相互作用，需要第三个本原，它既能承受变化，又能在变化中保持不变，而把变化传递到运动的过程之中，这个本原就是'载体'（ὑποκείεμνον）。这个词又译作'基质'、'主体'等。"[27] 在这里，亚里士多德还是将更多的眼光停留在经验可感的世界中进行的总结和研究，而他尤其精于此道，但这恰恰是苏格拉底和柏拉图所批评的，从前面叙述的他们的观点中也可清楚这一点。

在亚里士多德的《形而上学》著作中，从物理学的角度说明柏拉图理念型相是无用的假设。比如，理念型相自身不变动，它们何以能够解释个别事物的运动和变化？它们与可感事物相分离，何以能够解释可感事物的性质？它们是与个体不同的存在，何以能够解释个体对它们的依存？等等这些说明，的确存在亚里士多德疑问的合理性。作为形而上学的研究的对象，亚里士多德指出既不是"自然"，也不是"理念型相"，而是"所是的东西"。这里提到的"所是的东西"又是什么？他认为："所是的东西"范围最广，地位最高。没有一样东西不属于"所是的东西"的范围，但其它科学只研究"所是的东西"某个部分和性质,只有第一哲学才研究"所是的东西"自身和本质属性。[28]成为第一哲学研究的"第一原则和最高原因",那就是最高的实体——神。亚里士多德用"所是的东西"概括了诸如"本原"、"存在"、"本质"、"一与多"、"不变与变"、"善"、"真理"等等所有研究的对象,使之成为形而上学的一部分,但最终是指向神学。其神的概念有三层意思:第一,不动的推动者或第一推动者;第二,纯形式或纯活动;第三,纯思想或思想的思想。亚里士多德所以将其称之为神,不仅是成为形而上学的最高原则,也强调了最高实体的个别实在性。而他的这个理神论,为形而上学与各种宗教(基督教、伊斯兰教、犹太教)的神学开辟了相似同盟的道路。

三、中世纪时期

中世纪时期的西方哲学亦可简称为"基督教哲学"。按普遍的哲学史划分,自公元455年西罗马帝国灭亡到15世纪文艺复兴前期约1000年左右的时间称为中世纪,此期的哲学研究基本上是服务神学,不幸成了神学的婢女。按黑格尔的说法,此时期的哲学并无多大建树,应穿上快靴加速通过中世纪哲学。本来,本体论是研究关于存在的学问,又被称为第一哲学或最高科学。然而在中世纪时期,神学家和哲学家把最高的研究对象(存在)同最高的信仰对象混合在一起,将"存在"说成是"超越的抽象",而全部象征的意义是为了超越常人对事物的理解,以此来规定上帝的内在属性。上帝的存在规定了世间万事万物生存和本质,其形而上学的本体论就这样被归结为神学实在论。

关于存在和本质的关系问题,仅举两位经院哲学家的论证作为这一时期的范例,可以代表不同哲学家的两种观点。其一是阿维森纳(Avicenna),认为本质先于存在,存在只是附加在本质之上的偶性。他认为,"是"的定义前先有"某个本质",如果本质后来获得存在,便成为一个个体;如果未获得存在,也不妨碍本质的实有;因此,存在只是本质上可有可无的偶性,"其所是"在时间上先于、在逻辑上优于"是这个"。但托马斯·阿奎那却一反本质主义的传统,提出了存在高于和先于本质的存在主义精神。按托马斯的区分,"自在的存在者"指纯活动被具体化为存在的自因,它与纯活动不分彼此。只有上帝才是这样的存在者,被上帝创造的一切事物都是"共有的存在者",它们只是分有了上帝的存在才成为存在者。而"分有"只是对存在的分有,不是对本质的分有;相反,形式只有分有了存在,才能成为现实性,才"是"如此这般的本质。谈论本质与存在,在教父或经院哲学家们那里也是纷争不断,莫衷一是,难以统一。而不可得知的是,这是因为上帝存在所造成的混乱,还是因为混乱所产生了上帝。但不管怎样,这剪不断理还乱的本质及存在问题在中世纪时期都强烈表现着为上帝服务的哲学状态。

四、现当代哲学时期

15世纪的文艺复兴至今,又有几百年的历史过程,西方哲学所形成的世俗文明的潜流在与宗教文明的斗争与融合中也不断地自觉壮大起来,构成了现当代哲学的基本特征。在人们心灵充满对新生事物的狂热追求中,科学、艺术及政治生活蒸蒸日上,不但形成了文艺复兴与希腊思想在精神上的直接血缘关系,同时还推动了18世纪欧洲启蒙运动,造就了一大批哲学家相继出现,如笛卡尔、斯宾诺莎、莱布尼茨、休谟、康德、谢林、费希特乃至黑格尔等近代一大批著名哲学家,包括后来的存在哲学、分析哲学和结构主义及解构主义等等。可以讲,每一位哲学家都是在一定的文化和教育背景中,自觉或不自觉地展开哲学理论的探索与实践,形成了众多流派和哲学观点。我们不能对此进行——描述,只能选择一些具有时代鲜明特性,且于哲学研究中有中枢神经地位的哲学家,来介绍他们关于本质与存在关系的看法,以便能够梳理现当代哲学关于这一核心命题的大概脉络。

有近代哲学之父称誉的笛卡尔是近代哲学的奠基人。首先他怀疑以往旧哲学中"上帝存在"的独断论证明。他认为一切均要怀疑,一切皆可怀疑。比如外部世界的存在是值得怀疑的,我们的感觉是否会欺骗我们。再则我们自身的肉体是否存在也是值得怀疑的,因为这也可能是一个"错觉",是一场"梦幻"。就连平常所说的二加三等于五的自明数学知识,或者如同延伸、形体、时间、空间这些最普通的基本概念也是不可靠的,因为这也是一些感觉形成的。人在其本质上,根本无法认识真正的本原的东西。假如人是上帝创造的,那么意味着上帝将人投入了错误和假象之中,这样的上帝非但不是宗教和哲学中所说的"真理的本原",反而是一个"欺骗的上帝",或是一个"怀有恶意的上帝"。

对这条怀疑之路坚持下去就是万事皆空的虚无主义思想,笛卡尔在《寻找真理》这篇对话语录中说:"如同从一个固定不变的点出发一样,我要从这种怀疑之中引导出我对上帝、对自己和世界上所有事物的认识。"可见,笛卡尔是将怀疑作为认识论的一个原则,并不是要推倒所有的东西。而是从怀疑之中寻找某种不容怀疑的认识。"我所想象的一切也许是错误的,我以为能够认识的每一个客观对象也许是不可靠的,但是,我对它们的想象却是存在着。因此,创造了这些想象的我也存在着。怀疑,恰恰是怀疑向我证明了我的存在。因为要我怀疑,那作为怀疑者的我必然存在。上帝可能是个大骗子,但这个看法也不能动摇我对自己的信仰。上帝也许欺骗了我,但我这个受骗者却存在着。"[29] 于是,笛卡尔的著名论断是:"我思,故我在。"或"我怀疑,故我在"或"我受骗,故我在"。而笛卡尔对上帝存在的证明更加滑稽,他说:人在自己的心灵深处能寻找一个完美实体的理念,而这个理念不可能是人自己创造的,因为一个自身不完美的实体,即"位于上帝和虚无之间"的人,根本不可能依赖自己的力量创造一个最完美的实体，即上帝的理念的。那么，唯一的结论是，只有完美实体自己才能是完美理念的创造者。这个创造者，自然就是上帝自己。进一步：如果上帝是完美的，那上帝就不会故意将人置入迷误之中。因此，上帝肯定不是一个骗子，而只能是纯粹的真理。因此，怀疑并不是认识我与信仰的最终结果。但实际上，稍有哲学思辨的人都能知道，这样建立起来的形而上学的根基是不牢固的，因为这种因果关系的论证是一个循环论证，其前提就是错误的，在还没有解决上帝是否存在这个问题之前，是否能有任何一个本来的、肯定无疑的东西呢？而直接明了这个原则本身就值得我们怀疑。这种本体论的证明显然是失败的。

当代西方哲学中最有影响力的当数康德，甚至有人说康德之哲学犹如堰塞湖，从前的哲思必要流入，其后的哲学必要由其流出。故拈出康德哲学，来观待本质与存在问题，实属重要。但在介绍康德哲学之前，要铺垫一下休谟的怀疑主义哲学思想，因为是他的彻底怀疑精神让康德感到震惊，并导致其由天文物理学研究转向哲学研究的。

休谟的怀疑精神不同于笛卡尔，他算是比较彻底的，也是真正的经验主义者。如果说笛卡尔通过怀疑，是为了重建形而上学，而休谟是通过怀疑，将形而上学从哲学中彻底驱逐出去。对于形而上学方面的那些思想："要么是人的虚荣所做出的毫无结果的努力之产物，要么就是迷悟之幽灵。虚荣驱使人们试图进入那些人的认识能力无法接近的对象之内，迷信不能在公开的战场上保卫自己，只好钻进杂草丛生的荆棘之中，以须保护自己，掩盖自己的耻辱。"[30]休谟对形而上学的彻底抛弃，并不是为了彻底摧毁哲学，而是要坚守经验这块阵地，不要让认识在超感观的范围里游来荡去，这样哲学可以得到新的领地。譬如一般的存在概念，自我这个思想，或对上帝存在的这些论证，理性和认识通过思辨何以能够解决真实性问题，怎样能保证其真理性呢？我们除了感官对经验到的东西有所了解外，对其他的则一无所知，只有那些经得起感官印象检验的认识才能称得上真理，这才是哲学的中心任务。

康德所思考的，在人生中有没有一种超越这种有限的、有条件的生存方式的东西呢？其中重要的有三点：一是，有没有一个超越了死亡的东西存在着，这个问题涉及到灵魂不死的哲学命题；二是，现实存在只是有条件的链环，还是在其中间也有无条件行为存在的空间呢？这是牵扯绝对自由学说的哲学问题；三是，是否有一种东西存在着，它是所有各条件存在之总和，特别是世界与人最终也是依它而存在？这是上帝存在的哲学命题。康德认为，探讨"上帝、自由与灵魂不死"是"形而上学"无法避免的任务，也是哲学的基本任务。

康德在《纯粹理性批判》中给自己提出任务，但若通过纯粹理性去认识和思辨类似形而上学的这些认识，只如以前的哲学家上演的种种戏剧一样，是徒劳无功的。比如在现实中可以举很多具有说服力的理由来证明人是自由的，同时又可以提出一系列同样具有说服力的理由证明人是不自由的。而类似这样的矛盾在现实中到处存在，对"灵魂不死"及"上帝存在"的证明也同样如此。康德最终发现，原因在于人的理性本质，也就是说，人的理性不可能深入到可见的现实存在之背后而发现它的根本原因。

另外，人们所感应到的现实，又非现实本身，而只是一个表象，依存于人所有的特殊的认识能力。因此，那些意在探寻现实存在之外的形而上学方面的努力，本来就已经超越了人所具有的相应的认识范围。既然如此，那人为什么总是千方百计、百死不悔地想超越这个界限呢？那也是人的本质所决定的，人就是要不断地超越自我，超越这个有限的世界。否则，人将不成为人，必将会堕入野蛮与混乱之中。

康德自然也不愿停留住探索的脚步，他只能另辟途径。除了纯粹的理论思辨这条路径不通外，他发现，在实践领域的这个范围内能够找到那个无条件的、绝对的存在。因为，人追求着完满的善，实践着向上的动机，好像是有一个无条件的、绝对的命令存在着，即："你必须如何如何！"但即使如此，人必须在自由的状态下才能进行自由趋善的实践，而自由的这个前提又是什么呢？前提就是心中的这个"无上命令"。当人听到这个无上命令时，人就会感觉自己是完全自由的，犹如在内心深处，自己虽处在经验的世界里，却又超越着感官世界，向完满道德自律之路进发，去追求那个绝对完满的上帝。故而，灵魂不死和上帝存在又是人们追求道德至善的两个必要条件。就是这样，康德通过《实践理性批判》，一步步地在实践领域将休谟在怀疑论中推倒的形而上学这面旗帜又抗扶起来，从而被喻为不亚于在哲学史上的"哥白尼式的天文学革命"。

　　现在回头反观一下，康德真的如其所愿将形而上学即绝对自由、灵魂不死和上帝存在这样的重大哲学命题彻底解决了吗？我们说过笛卡尔的论证是滑稽的，而康德学究式的论证也是可笑的。其假设在人们心中的"绝对命令"难道是不证自明的吗？实践中的理性与思辨中的理性有什么区别呢？现象背后不可知的"物自体"的假设其存意如何，是不是为了上帝存在而提前置设这些概念和余地呢？等等。这些思辨哪怕是康德讲的实践理性也同样属于循环论证的一种形式，只是换了不同的方式而已。康德之后，人类又陷入一场又一场的哲学危机之中，人类对超自然世界的认识受到了一次又一次的冲击，康德的纯粹理性划分的地界与实践理性实践的地界又造成了二元对立，后辈哲学家们只有通过再次探究希望将二者融通起来。于是，费希特、谢林等辈相继努力，直至黑格尔在其庞大的哲学体系中，通过辩证法三段论式的方式企图彻底解决这个分裂问题。

　　黑格尔哲学在西方思想史上，被喻为最后一座形而上学理论大厦，其功绩堪与康德相匹敌。他敏锐地看到在康德设计精致的伦理中，将人的义务与爱对立起来，人们被分成了两半：一半是"本来的自我"，另一半是"实践中的自我"。黑格尔对此大为反感，他要将人看作是一个整体，来重建人与自然的统一性。令人惊呀的是，黑格尔是在爱情中发现这一规律的。爱情的特点是：首先，必须有一个爱对方的人存在着，但这个人又必须同样爱自己，也就是说，他必须肯定自己，这是爱情发展结构中的正题。其次，爱情的产生同时要求相爱者要抛开自我,将自我异化,献身于对方。这又是其爱情结构中的反题。最后,相爱者通过否定自我重新获得了自己,通过献身于对方而在更深的意义上意识到自我的存在,这又是更高层次的自我,于是否定又重新被否定了,异化被消除,爱的人与被爱的人合而为一。这样的辩证法肯定(正题)——否定(反题)——否定之否定(合题)让黑格尔大为振奋且在哲学中受益良多,因为他发现整个世界的所有事物的发展变化都可纳入这一范式之中。于是黑格尔在解释历史、哲学、政治、艺术中均用此辩证方式进行分解和解读。万事万物皆处于变化之中,分裂与结合,自我异化与重新统一不断交替。似乎整个宇宙也是如此,人的精神的最高阶段必然融于宇宙的精神之中,此宇宙精神即是绝对精神,那就是上帝。因为上帝之神明在人的精神中表现得最为充分。世界无疑也是一种精神实体,整个自然界在本原上无非都是精神,我们日常感观的物质世界是有限的,片面的,所以我们才具有事物的物质性。但谁要是准确地理解世界,谁要是以哲学的眼光看待世界,那他就必然地把世界看成是可见的精神,"因为只有精神才是真实的"。

黑格尔否定了基督教所说的人格化的、具有超验意义的上帝,而是将上帝世俗化。因为上帝不是别的,而只是宇宙生命:"上帝将自己异化,使自己成为自己的对象,但在异化中又完全与自我统一。"这种上帝自己异化后的自我,就是我们看到的客观世界,神明的异化就是神明的世界化,世界是上帝自我异化的表现,但它的本质则是上帝自己的本身,因为辩证法的最后环节是通过人、上帝回归自我而得以完成，这是自我意识发展完成的根本标志。这样的逻辑思辨，也解决了自我分裂的严重问题。

我们说，黑格尔导演了这个"世俗化的上帝"，让其自我分裂和异化，也导演了"绝对精神"的一场悲剧。似乎是"精神的生命，并不是害怕死亡，使自己免遭毁灭，而是忍受死亡，在死亡中保存自身，通过绝对的分裂找到自我，精神才能得到真正的自我"。但现实生活中的各种悲剧不停上演，并不是一定要具有这种辩证法式的目的性，也并不是去实现完美性的精神的必备步骤。因此世界并不是什么美好的上帝的自我表现。当人们害怕生老病死的时候，也难以与宇宙的"绝对精神"结合起来去对抗疾病，笑傲死亡。这些犹如痴人说梦的哲学，世间人们做不到，黑格尔本人也难以做到。他想要解决的现实存在其深层到底是什么样子，而能够思考和行动的人在世界中到底应该怎样生存的这些问题，随着其个人的哲学基础的薄弱性的塌陷，又一次悲剧式表现哲学体系大厦的崩塌。

至于后来的分析哲学、存在主义哲学，以及后现代的反本质论、反中心论、反上帝说教的解构哲学，已经变成了哲学的巨大噪声，宣布着西方哲学的一次又一次终结和死亡。

五、正解与结题

当代哲学家无不凝神于形而上学中的存在与本质问题，但他们对存在本身的意义或浅尝辄止，或缄默无言。黑格尔于著作中也曾如此表述了哲学家的共同困惑：存在虽然在历史和逻辑两个方面都是哲学研究的开端，但都缺乏自身的内在规定性，是一个既包含万象又空洞无物的抽象概念。不难理解，为什么在漫长岁月遗留下的浩繁哲学典籍中，很少见人着墨于"何谓存在？"这个问题。[31]黑格尔总结的这段文字既表现西方哲学家对此深奥问题的无能为力之感，同时也错误地把宇宙本体认为只是空洞无物的抽象观念。这是西方思维意识形态的产物，也是必然结果，只要沿着思维思辨的意识用功，永远都不会得到正确的结论。中国传统文化的认识路径则与西方大不相同。

在西方哲学中对存在与本体这样讳莫如深的本原问题，佛学典籍中的经典论述处处皆是，且"即体即相即用"之论清晰明了，这是佛学探索认识真理时，不同于西方哲学家不脱离意识形态，反而是要"泯识显智、明体达用"才能获得真理的唯一性。

所谓"泯识"，不仅要通过的禅定功夫泯灭眼、耳、鼻、舌、身、意之前六粗识，还要泯去第七末那和第八阿赖耶之内二细识，因无分别执著之念而由识转智，开启光明遍照的自性，才能洞彻法界源底，了达体、相、用之真如妙境。

佛学经典中的体用论，可以简单归结为四字，即"缘生无性"或"无性缘生"之说。讲无性（即空性）是万物之体，讲缘生是万物之相用。缘生即是无性，无性即是缘生，理实相虚，体用一如。仅从万事万物的"生"字上看，既不是自因所生，也不是他因而生，也没有共因而生，更不是无因而生，而是因缘和合而生。不是自因生，所观之心由境界起故；不从他生，因为万境由心现故；不是共生，因心境各各异故；也不是无因而生，因为心境是相待有故。所谓万法因缘和合而生，又刹那不住，犹如岚风吹动，百川竞注，故无诸自体，无自体即无自性，而无体性则是无生，因此，诸法像是有生，实为假生虚生。虽然相现虚假，但理却谛实，故有作用。因智证者为体，因识所观为相，但相不异体，体不异相，相中寓体，体表为相。《般若波罗蜜多心经》有言："色不异空，空不异色。色即是空，空即是色。"冯达庵大阿阇黎在《佛法要论·佛教真面目》中说：

  依众生心缘起世界，固末那之作用，而以前六识助成之。泯末那，一念不生，则世界顿归乌有，是名实相（也即是本体之相）。念之生，恒与识俱；识所在处，假相随起，实相不可得见矣。今欲讨论实相，总不离识，终被假相笼罩耳。然能于笼罩之中默喻假相所依之妙性，是亦因指见月之道。《起信论》之实相观，意不外是。所谓实相，以真如名之，即清净本体也。要义有二：

  （甲）如实空。末那起处，辄生晕影，昏蔽众生清净心，是谓无明，觉性原来直契净心本体，因被末那钩率，所觉变为赖耶相分，能觉变为赖耶见分，各带一重晕影，灵明真心，遂昏成无明妄心；扩为六尘（色尘、声尘、香尘、味尘、触尘、法尘），亦被晕影遮盖，世界现象皆失真相。

"如实空"者，消灭一切假相，回复真如本体也。本体具足无量真实之性，故曰真，亦曰实；虽具无量性种，而如如然融成一片，故曰如。

（乙）如实不空。真如本体所具无量性种，《起信论》名性功德，随缘各得显为妙相。而随现随隐，绝不留滞，无所牵惹，故曰无漏性功德。"如实不空"者，谓真如复具无量妙性，为一切妙用所依，若一味契会如实空，而不知不空者，即落偏空，甚或流于恶取空，陷于魔道。[32]

世界本虚妄不实，然而秩序如此严整，必有真实缘起之道存。《起信论》推源于众生心之波动。首标一心真如，为一法界大总相法门体也。宇宙万相，都归一心果海之源，而圆融具德，皆一心之妙。妙性大用言成四法界，乃理法界、事法界、理无碍法界和事事无碍法界。一者，理法界。即一心真如，更无别法，全一真理。此所谓西方哲学之本体；二者，事法界。即一切圣凡染净，依正因果，诸差别事法也。此所谓哲学中之广袤复杂多变之万事万物；三者，理事无碍法界。由理事相成，共有六种：一是事揽理成，故全理成事。二是以理成事，故全事而理。三是理能成事，故事不碍理，且能显理。四是事揽理成，故理不碍事，且能融事，故全事即理。五是事能显理，故全理即事。六是理事相即，故理事圆融无碍；四者，事事无碍法界。以上理事无障无碍，今全理成事，故不必更言其理；以全事全理，故事事融摄，无障无碍。依此四法界，理即真体，无质无碍，全体为一,是一心真如,与事无矛盾处,方成真理。而事法界表现为宇宙万法,是因缘和合之法,千差万别,相待动静,生灭无常,流注不止。皆是依他缘起之表现。所谓缘起观,在佛学经典中,有四种缘起之说,即业感缘起,赖耶缘起,真如缘起和六大缘起,今引冯达庵大阿阇黎之《佛法要论·佛教真面目》而细解如下:

> 缘起之义,随种种缘力引起种种法相也。学者对此问题,各就见地加以解说。或曰:业感缘起。于法之来源茫无所知,只见意识经验,因果必相感,谓法之起但由业力感召而然。此最粗浅之说也。或曰赖耶缘起。观察业力不随身死而谓灭,非依阿赖耶识不可。谓万法之兴,由于赖耶所藏业种之现行;借六尘表为粗相耳。此较精深之说是也。或曰真如缘起,以为一切法相皆属幻影;敛归本体,一无所有,只存真如妙理,具含无边德性;德性随机开显幻影,应诸外迹而已,此更探本源之说也。然由无相之万德,何以能开出有相之万法?真如学者则未尝细究;立说犹嫌浑略。必欲洞明所以然,不可不知六大缘起妙义。摄相归性,义甚殊胜,因名曰大。分六门详之:
>
> (1)地大。如实不空之体大,本来绝无朕兆;而托起为法界(俗称世界),若有妙质(实则无质,惟具理性)寓焉。依各别妙质一一开为法相,则成种种原质,印度古代学说,一切原质皆摄于地,从而名其妙质曰地大。然地大之发展

一切妙质，究则何种力用致之？则"坚性"之力也。任何种子，皆处涅槃寂境之中；托以坚性，而后显露妙质于法界。无坚性内托，任何种子俱不能建立。故坚性为地大之所依，展转成为缘起万法之根本。

（2）水大。法界无数分位中之一切种性，本来互相融摄；任取一性为主体，余性皆成辅属。学者若只会得浑略之实相，不过知其如实不空而已；不明任一种性之如何结构也。欲亲证其结构，不能徒依地大衬托力；须开敷其种性之条理而细认之。此犹水灌物种令渐发芽，乃至开花结果；物种之特性庶一一呈露。从而名其开敷之能力为水大。然水大何以有开敷力用？则"润性"致之。是故润性为水大之所依，展转成为缘起万法之第二根本。

（3）火大。"多法界"虽千差万别，初惟无形中默契其理趣，开为外迹，并无色相可见。欲见之者，不可不入"宝部"三昧以支持之。此种三昧，固籍地大为体；水大为用，而能辉发色相者，端在火大。籍火为名，以世间之火具光热两种能力，关系物相甚大也。然火大何以能具光热力用？则"炎性"致之。将此性施诸法界妙质起磨擦之功，故光热作焉。是故炎性为火大之所依，展转成为缘起万法之第三根本。

（4）风大。任何种子之心，欲以所具特性（不论主性、宾性）启发他心同样法性，须先入特性三摩地；次推动此性遍满十方，打入一一他心之中。他心能接受者，即起此性与之相应，乃开出"共业"法相，是为风大作用。借"风"为名，以世间之风有运送能力，令所送物由彼达此也。然风大何以有此力用？则"动性"致之。法界所谓推动，非真由此送彼，乃自心发动一种法性，波动一切他心，皆起其蕴藏未发之性（如水波纹）也。开为外迹，遂显现种种变化状态。是故动性为风大所依，展转成为缘起万法之第四根本。

（5）空大。万法本体，不惟无质，且亦无性；似若有性者，原属地大作用；所谓一真法界指此。更能开出多法界，是水大条理之，火大辉发之，风大变化之。泯"四大"之力用，便一无所有，即归绝对空体。然空之中隐含万德，现诸法界，虽"四大"依以起用，仍然当体即空，因名空大。其力用无可比况，只称"无碍性"而已。一有所碍，则"四大"便不能任意缘起万法。是故无碍性之空大，又为缘起根本之根本。

（6）识大。仗五大力用，开出一切法界特性，心之所感，惟觉光明理致，初无形相可观；扩为外迹，详分六根（眼根、耳根、鼻根、舌根、身根、意根）认识之，而后标成种种假相；摄相归性，在法界中犹有辨相之"灵知性"在，是名识大。五大依真如而分；识大依本觉而生。无"五大"固不能缘起万法，无识大亦无从辩别万法。辩别精熟，转能以识大操纵四大。是故万法之缘起，复以灵知性之识大为主要依。[33]

究竟真理，原依"六大缘起"万法，未达此理，各就见地抒论之。尤其是西方哲学家以思维意识测意揣度，更加难得万法之根本，故西方哲学之危机与死亡，是事之所及，理有必然。若想真探大道本源，明白洞辙万物之来由，必须脱离意识形态思见之迷惑，而行净心净悟，心灵回光反照之路。但不管如何，上述佛学中之本体论及"六大缘起"之真理，可以比对古希腊之自然哲学家之各种"元素说"、"无限说"、"存在论说"及苏格拉底的"心灵说"和柏拉图的"理念论"，及一多、生灭流变、上帝、灵魂等各种异说，来真实认识何以为真，何以为假，以使真理更加显耀于世，造福人类而已。

注释：

[1] 亚里士多德：《形而上学》，982b10-25。

[2] 亚里士多德：形而上学》，9826 10-25。

[3] 亚里士多德：《论生灭》，332a 19。

[4] 赫拉克利特残篇 30。

[5] 赫拉克利特残篇 123、112。

[6] 赫拉克利特残篇 112。

[7] 赫拉克利特残篇 41、32。

[8] 亚里士多德残：《论灵魂》，407b 30。

[9] 巴门尼德残篇 2。

[10] 巴门尼德残篇 8。

[11] 赵敦华：《西方哲学通史》第一卷，北京大学出版社，1996年版，第31页。

[12] 柏拉图：《巴门尼德篇》，128d。

[13] 辛普里丘：《物理学注》。

[14] 辛普里丘：《物理学注》，27、23。

[15] 阿那克萨哥拉残篇12。

[16] 阿那克萨格拉残篇12。

[17] 赵敦华：《西方哲学通史》第一卷，北京大学出版社，1996年版，第45页。

[18] 柏拉图：《斐多篇》98c。

[19] 赵敦华：《西方哲学通史》第一卷，北京大学出版社，1996年版，第83页。

[20] 柏拉图：《斐多篇》98c。

[21] 柏拉图：《第二封信》，314c。

[22] 柏拉图：《理想图》，511b-c。

[23] 赵敦华：《西方哲学通史》第一卷，北京大学出版社，1996年版，第123页。

[24]《理想国》478c。

[25] 赵敦华：《西方哲学通史》第一卷，北京大学出版社，1996年版，第123页。

[26] 赵敦华：《西方哲学通史》第一卷，北京大学出版社，1996年版，第184-185页。

[27] 赵敦华：《西方哲学通史》第一卷，北京大学出版社，1996年版，第185页。

[28] 赵敦华：《西方哲学通史》第一卷，北京大学出版社，1996年版，第207页。

[29] 威廉·魏施德：《通向哲学的后楼梯》，辽宁出版社，第122-123页。

[30] 转引自威廉·魏施德：《通向哲学的后楼梯》，辽宁出版社，第181页。

[31] 赵敦华：《西方哲学的中国式解读》，黑龙江人民出版社，第211页。

[32] 冯达庵大阿阇黎：《佛法要论》，宗教文化出版社，2015年版，第105页。

[33] 冯达庵大阿阇黎：《佛法要论》，宗教文化出版社，2015年版，第157-159页。

第二章 芝诺的悖论与《物不迁论》
——动静论

古希腊时期的芝诺的四个悖论非常著名,在所有的西方哲学史论书籍中皆有提到,兴趣不大者只是简单介绍,稍以文字一带而过。而大有兴趣者如黑格尔则用了很长的篇幅,因为芝诺悖论包含的辩证法的因素是黑格尔最为欣赏的。芝诺的所有论证却是出于一个目的,那就是用归缪的方法来反证"存在"是不变不动和独一无二的。其实质在于,用逻辑推理来否定经验观察,用理性证明来否定感觉知觉,并且在此基础上确定"眼见为虚,思想为实"这一基本信念。这个信念是否正确,芝诺的悖论是否得到圆满解决,在哲学领域中应如何观待逻辑推理与经验世界产生的二律背反等诸多问题。这里不妨作一下认真的解读。

一、题引

谈到芝诺的悖论,不能不涉及到他的老师巴门尼德。是巴门尼德的本体论之观点深刻影响了芝诺。他的四个悖论完全是通过证伪的方式来证明老师的学说是正确的。作为爱利亚学派的代表人物巴门尼德绝对反对赫拉克利特的哲学论断。赫拉克利特认为万物都在变化,火变成水,水变成土,而土又变成火,事物开始存在,然后又不存在。巴门尼德问,这怎么可能?一个事物怎么可以既存在又不存在?如果像赫拉克利特讲的某物即存在又不存在,就是说某物能够产生于无,也能变化成无?若存在能够变化或生成,必定或产生于非存在,或产生于存在。如果产生于非存在,那么它产生于无,这是不可能的;如果产生于存在,那么它就是产生于自身的,这就等于说它同其自身是同一的,并没有什么特殊的变化。

亚里士多德所记载的巴门尼德的残篇断简中,用最简单的意思常表述为:"存在物存在,非存在不存在"(或"是者是","不是者不是")。而巴门尼德认为这是通往"真理之路"与"意见之路"的根本分歧。即:"第一条:存在物存在,它可能不存在。这是确信的途径,因为它遵循真理之路;另一条是:存在物不存在,这个不存在必然存在。走这条路,我告诉你,是什么都学不到的。因为不存在物既不能认识,也不能说出的。"[1] 而巴门尼德所说的"存在"具有如下几个特点:①"存在"既不产生,也不消灭。"它没有过去和未来,因为它整个是现在,作为完整、统一、联系的(连续的)东西。"[2] ②"存在"是"一",它没有部分,不可分割。"存在物也是不可分的,因为它全部都是一样的,没有哪个地方比另一个地方多些,妨碍它的连续,也没有哪里少一些。因此它是一整个连续的；因为存在物是与存在物连接的。"[3] ③"存在"是不变不动的。④"存在"当然是无始无终的，但它不是无边际的或无定形的，强大的必然性从四面八方围绕着它。"存在物不能是无限的，因为它没有缺陷；如果无限，那就正好是有缺陷的了。"[4] 巴门尼德认定思维和存在是一回事，因为不可能思维的就不可能存在；不可能存在的，例如非存在，就不可能被思维。

二、悖论说

芝诺接过巴门尼德"真理"学说的棒子，干脆用辨伪的方法，以反对敌对派观点的荒谬性来证明老师的学说。于是呼之欲出的四个悖论成了西方哲学史上著名的公案。也就是说，如果承认事物是运动的，那么会产生以下四个悖论。

（一）"二分法"的悖论。如图所示：运动着的事物在此达到目的之前，先要完成全过程的 1/2；在达到 1/2 之前又要完成它的 1/2，像图中所示的若欲从 A 到 B，则要完成 C、D、E、F……等等，如此分割，乃至无穷。逻辑证明永远达不到目的地。

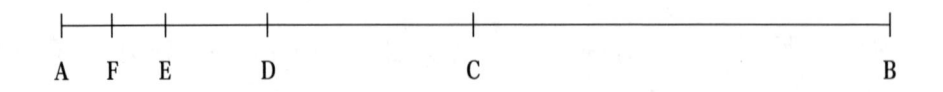

```
├─┼─┼───┼─────────┼─────────────────────┤
A  F  E   D         C                     B
```

（二）"阿基里和乌龟赛跑"的悖论。奥林匹克一位行走如飞的赛跑者阿基里与乌龟赛跑,让乌龟先爬一段路程后,阿基里再跑步追赶,当阿基里跑完这段路程时,乌龟又向前爬了一段路程;当阿基里跑完这段路程时,乌龟又向前爬了一段;一追一爬,以至无穷,阿基里永远也追不上乌龟。此悖论说明:运动中的事物没有快慢之分。

(三)"飞矢不动"的悖论。飞矢在一段时间里超过一段路程,这一段时间可被分成无数时刻,而每一个时刻,飞矢都占据着一个固定位置,而飞矢每一个点都是静止的,则飞矢静止、静止、静止……。因此飞矢是静止不动的。

(四)"一倍的时间等于一半时间"的悖论。如下图所示

$$\text{A1 A2 A3 A4}$$
$$\text{B1 B2 B3 B4} \longrightarrow$$
$$\longleftarrow \text{C1 C2 C3 C4}$$

设 B、C 两系列运动速度相同,A、B、C 三系列的每一部分大小相同,那么 B_4 到 A_4 的时间与 C_1 到达 A_1 的时间相等,即 $\frac{S_B}{V_B}=\frac{S_C}{V_C}$ 但 $S_B=2A, S_C=4B$;既然 $V_B=V_C, A=B$;因此,$\frac{S_B}{V_B}=2\frac{S_C}{V_C}$,即 $t_B=2t_C$。B 系列的运动时间是 C 系列运动时间的 1/2,或者说,C 系列的运动时间比 B 系列运动时间多一倍,但经验上两者应该相等,故有"一倍时间等于一半时间"的悖论。[5]

三、悖论之哲学解释

作为哲学家的芝诺犹如魔术师或戏剧演员，一口气推出四个悖论，最后向观众证明，"存在"没有运动，不能发生。如同他的老师巴门尼德说："如果有物存在，有物发生，这是不可能的（他这里的"物"是指神而言）；因为他若不从相同者发生，必从不同者发生，但两者都不可能；因为相同者既没有权利产生相同者，也不会被相同者产生，由于相同者必然彼此都具有相同的规定。"[6] "不相同者从不相同者发生也同样不可能的；因为如果从弱生强，或从小生大，或从劣生优，或反之从优生劣，那么从有就会生出非有，这是不可能的，因为神是永恒的。"[7] 从此哲学往后，如果人们完全赞同巴门尼德及芝诺学说及爱利亚学派的主张，那哲学研究即可到此为止。但思维的逻辑思辨与现实经验又天差地别，这样的讲法难以解释现实世界，故人们总是不能心甘而止步于此。那就要对此悖论作出合理的解释方可。现重新检索哲学史的部分著作，可以看到以下几种解释：

（一）首当其冲的是苏格拉底和柏拉图的解释。在《泰阿泰德篇》里，柏拉图描述的让苏格拉底对于别人请求他考查爱利亚学派的系统时说："对于麦里梭和其他主张'大全'是静止的'一'的人，我都相当尊敬，但对于巴门尼德我更是特别尊敬。因为就我看来，试用荷马的话来说，他乃同时是可敬和可畏的人，因为我曾经与这人有过接触，并且曾经听到过他的美好的演说，当时我还十分年轻，而他已经是很老的人。"[8]这段对话似乎并未解释什么。尤其是柏拉图记录的还是自撰的由巴门尼德与苏格拉底讨论"一和多"及"小与大"、"部分与整体"的一篇具有最大之谜的《巴门尼德斯》对话中，非但没有给以什么答案，反而还成了柏拉图哲学的最大之谜。

（二）亚里士多德的解释。依照亚里士多德的博学性格，他是不会放弃这样的机会的。对于芝诺的"二分法"的悖论，亚里士多德在《物理学》第六卷第二章中写到：

"芝诺的论证是错误的。他认为一个事物不可能在有限的时间中通过无限的东西或者分别与无限的东西相接触，因为长度和时间之被称为无限有两层含义，而且一般地说，一切连续物都是这样——或者是在划分上，或者是在极端上。因此，一事物在有限的时间内不可能与数量方面无限的东西相接触，但却可以与划分方面无限的东西相接触。因为时间在划分方面也是无限的，所以，通过的无限是在无限的而不是有限的时间中进行的，而与无限的接触也是在无限的而不是在有限的现在中实现的。"[9]亚里士多德这样的批驳也让人啼笑皆非。在他的这段话中本身就有诸多逻辑上的矛盾：其一，若"事物在有限的时间内不可能与数量方向无限的东西相接触，"那又如何确定在划分方面可以与"无限的东西"相接触？其二，既然是无限的事物，或空间或时间，又如何用有限的方式去划分？其三，若划分的现实性都不存在，又如何去进行度量和比较？而亚里士多德用时间、距离依照图形的方式进行说明的时候，其逻辑悖论也充分体现在他的每一个所谓有限的距离中，因为所有有限距离中都包含着无限的点的问题。

在"阿基里和乌龟赛跑"的悖论中，亚里士多德这样批驳道："领先的东西不能被追上的见解是错误的。因为，虽然在它领先的时候确定不能被追上。但是，如果允许它通过那个有限的距离，它就会被赶上了。"这样的批驳实属幼稚，"允许通过有限的距离"则已忽略无限的存在性，不用亚里士多德来解释，普通人都能亲眼所见。但这不是哲学家的思维，因为世人总把眼见为实当成是正确的，对于这一点巴门尼德和芝诺并不是不知道。

而在"飞矢不动"的悖论中，亚里士多德的批判是："飞着的箭是不能被运动的。这个观点是错误的。因为时间并不由不可分的若干现在构成，正如其他大小不由不可分的部分构成一样。"[10] 我们尚不知道亚里士多德的时间构成是怎样的，是由过去、现在和未来构成的吗？那么亚里士多德又是怎样定义"现在"这个时间呢？只要我们能见或能思考到的，皆已过去，哪里可找到现在的时间？是一年、一月、一天、一小时、一分、一秒，甚至是更长或更短的时间？如何确定现在的时间的标准？显然，亚里士多德的批驳本于一般世俗常人的经验化，完全脱离了逻辑理性思维。对其后面的我们不能再一一枚举。而黑格尔在《哲学史演讲录》中，说亚里士多德对芝诺的反驳是"可怜的"，实属于比较中肯的评价。

（三）最可笑的反驳论证是犬儒派人西诺卜的第欧根尼，对于

"二分法"或"赛跑"的悖论他一语不发地站起来走来走去——他用行为反驳了论证。[11]但当这个轶事发生时,他们学生对老师反驳甚为满意,此时第欧根尼又责斥他们,理由是:"教师既然用理由来辩争,他也只有用理由去反驳才有效。同样,人们是不能满足于感官确信的,而必须用理解。"[12][13]黑格尔认为:在哲学上直到今天没有人(包括亚里士多德在内)把芝诺的悖论批倒了,芝诺的论证至今仍"在确定的状况之中。"[14]从思维理性与现实来看,的确这个悖论一直存在。因此,黑格尔在评述芝诺的四个悖论时,把芝诺与康德相提并论,他说:"这就是芝诺的辩证法。他曾经掌握了我们空间和时间观念所包含的诸规定;他曾经把它们(即时间的规定)提到了意识前面,并且在意识里揭露出它们的矛盾。康德的'理性矛盾'比起芝诺这里所见业已完成的并没有超出多远。"[15]

(四)罗素对芝诺的评价也非常高。他说:"芝诺是系统地运用辩证法的第一人,这种方法在哲学领域内起极重要的作用。苏格拉底和柏拉图从爱利亚学说中继承了辩证法,又各按自己的方式予以发展。从此辩证法在哲学研究中占有特殊的地位。"[16]

(五)赵敦华先生在《西方哲学通史》里也有这样的评价:"运动的悖论表现为间断性和连续性、无限性和有限性的矛盾,造成悖论的根本原因则是理智和感觉的对立。因此,只有解决理性分析何以能够与感性综合的结果相符合这一认识论问题,才能从根本上消除芝诺悖论。近代物理学家已经证明了对运动的数学分析符合对运动的经验观察,这与其说是解决了芝诺悖论的前提;不如说是芝诺悖论造成的一个结果。因此，对运动的数学分析所使用的微积分运算建立在'极限'概念的基础上，而'极限'恰恰以承认间断性和连续性、无限性和有限性的统一为特征，但它却没有回答这些对立面何以能够统一，我们之所以可以用'极限'概念说明芝诺悖论的错误，那只是因为它已经预先设定了与之相反的前提。再说，'极限'概念的基础本身就是一个问题，按当代数学哲学中的逻辑主义解释，'极限'概念可被还原为符号逻辑方式。如果我们用深层的逻辑语言代替描述芝诺悖论的数学语言，那么芝诺悖论的形式和解答将复杂得多。正因为芝诺悖论涉及到上述运动学、认识论、数学和逻辑学问题，它在历史上引起长久的思考，至今仍保持着理论上的魅力。"[17] 其实，微积分的数理论证前提中仍然是含有有限与无限的矛盾，并没有统一的真理观，其论证如同亚里士多德的观念一样并没有实质性地解决芝诺悖论问题。

（六）在宋洁人所著的《亚里士多德与古希腊早期自然哲学》一书中，还提到芝诺悖论在科学领域中的影响。汪子嵩先生所著的《希腊哲学史》中写到："有些学者从现代科学出发，对芝诺的悖论作了探索，如弗拉斯托为《哲学百科全书》撰写的'芝诺'的长篇条目，以及匹兹堡大学的阿道夫·格伦鲍姆（AdoltCrunbaum）教授撰写的《现代科学和芝诺的悖论》，是现代逻辑学和科学研究芝诺悖论的重要著作。"[18]

所有以上的芝诺悖论的解读，只要存在思维与感觉的对立，其矛盾决定无法合理解决，如同康德提出的"理性二律背反"问题。

而这些矛盾正是佛学指出的"二障"即"我障"和"所知障"所造成。当然也是"见"与"思"的二惑形成，只有清除"见思"二惑，才能彻底解决芝诺的悖论。

四、《物不迁论》原理与例证

见到"物不迁"三字，似乎与存在物无运动的静止意思相吻合，其实不然。凡俗所谓的静止，只是相对状态，实际上仍在变化，只是变动的速率慢一些，让人们误认为是静止的。这当然是赫拉克利特的观点，一切都在变化，无物不在运动，故"既存在又非存在"。而巴门尼德和芝诺正相反，认为运动是不存在的。"存在就是存在，存在不可能是非存在"，既"是其所是"，不能"是其非是"。赫拉克利特与巴门尼德各说出了事物的相似真理，但皆为事物的一边之见，犹如盲人摸象，摸到象的耳朵说象耳似乎是扇子一样，从局部上可以说有真理上的相似性，但当放入象的整体之中，则二者皆是错误的。而《物不迁论》之原理，可将赫拉克利特及巴门尼德、芝诺的观点冶于一炉，但又不是二者简单的综合。实际上是完全消除了思维与感观相对立后形成事理完全符合的真理观。现对其表述的原理略略介绍，若有心灵感悟的学者，必能恍然大悟，从此芝诺的悖论将被彻底冰消瓦解。

《物不迁论》一文为后秦时期的僧肇大师所作，皆在显扬佛法圣教,畅般若实相,驳六家七论之谈。当时因佛法西来甚少,大义未备,而时人多尚老庄虚无之谈,以乖谬虚无来附佛法大义,并各立之为宗。有晋道恒的《无心论》、东晋道林作《即色游玄论》、晋竺法汰的《本无论》等等。皆堕相言无,而入断灭之列。肇公悯其人蔽,不明大道之旨,故特造四论,即《物不迁论》《不真空论》《般若无知论》及《涅槃无名论》来摧破邪执,以救时弊,显现正理,畅扬大道。故肇公又号称鸠摩罗什门下关中四杰之一,而以"解空"盛名于世。

  佛陀讲八万四千法门,皆以不离二谛而说。凡夫所谓大千世界为"有",此为俗谛;而圣智照见诸法体性为"空",为真谛。《物不迁论》即以俗谛之相,而论真谛为真,因俗谛所说之"有"实为真谛所说之"空",不是破坏诸相为空,而是当体性空。原由一切诸法是缘会而生,缘离则灭。缘会而生实是无生,缘离而灭实是无灭,故诸法实相是无生无灭。假定诸法确定实有,则有自性,有自性则无能生,这与现实千变万化之事物不相符合。因缘生缘灭故,则其性为空。虽常人现见万物似乎为有,但有而性常自空,性常自空故谓之性空,其一切法性空实为诸法法性,法性如是,故曰如如,也曰实相,所谓物之不迁,指诸法当体实相。但常情妄见诸法运动迁流,迷惑心智,若以般若智慧而观,则顿见诸法实相,当体寂灭真常,了无迁动之相。所谓无有一法可动转者,以缘生性空,则法法当体本自不动,故即物即真。真则明了无有一法可当情者,实际上是既无能思虑之真实主体,也无可感觉之真实对象。因般若智慧之方便,照见万有而知空,方便随缘而涉有,有不碍空,空不妨有,空有不二,二而合一。《般若波罗蜜多心经》所说的："色不异空，空不异色，色即是空，空即是色"之真理，这理所当然就是《物不迁论》之根本原理。由此可知，合理成事，合事显理，理事无碍。若学人会得此旨，则芝诺悖论为不解而解矣。由于西方人的思维与语境，实难了知东方文化之特质，而中国学人，一味随转于西方哲学，丢失自己最有智慧之文化根本，欲想建立真实的文化自信，那也只是梦想而已。

为了更方便于理解《物不迁论》之要趣，我们特摘录其中几段经典，依明朝憨山大师的解释为辅助，希翼学者更能明会物不迁之真实含义。原文：

"**夫生死交谢，寒暑迭迁，有物流动，人之常情，余则谓之不然。**"[19]此段文浅意确，只是说明常人看见的生死、寒暑等生灭交替，物体运动变化，这是人之常情，但作者认为不是这样。"将明不迁，先立迁流之相为所观之境。要在即迁以见不迁，非相迁而性不迁也。是由人迷谓之迁，人悟即不迁。故曰人之常情，余则谓之不然。"[20]

"**寻夫不动之作，岂释动以求静，必求静于诸动。必求静于诸动，故虽动而常静。不释动以求静，故虽静而不离动。**"[21]常人所见运动生灭，则圣者以智照见诸物真常之静，并不是要停动以求静。此真常之静乃绝对之静，而动静之静是相对之静。真常之静恒常显现于常人所见的动静之中。"求静于动，虽万动陈前，心境湛然。故曰虽动常静。苟不舍动求静，故一道虚间，虽应缘交错，不失其会。如《华严经》云：不离菩提场，而遍一切处。"[22]不悟此理，难明动静不二之旨。

"然则动静未始异，而惑者不同。缘使真言滞于竞辩，宗途屈于好异。所以静躁之极，未易言也。"[23]其实动静一源，本来不二，故不异。但迷者妄见不同，各执一端，谓动谓静。这就是赫拉克利特及巴门尼德和芝诺的各执一边而产生的分歧。对于西方哲学所谈的有无论、生灭论、时空论、一异论，甚至是矛盾统一论，皆是惑者迷执造成的相互竞辩，不知真言真旨，各立所说，自呈胸臆，皆为意识形态之奴役。这些好异竞辩，不能触及真理实质，而被佛学视之为毫无意义的戏论。

"何者？夫谈真则逆俗；顺俗则违真。违真故迷性而莫返；逆俗故言谈而无味。"[24]凡人只能见俗，如变动、生灭、迁流等，实难照见真常之相。若仅顺俗缘，则有违真如，而谈真如，又为俗人不知，故道逆俗情。所以真理难谈，以法不应机故，所谓"高言不入于俚耳"。但真常之道不明，则迷者始终不能归真。对不明真理之言论，岂止是寡淡无味，简直是风牛马不相及耳。

"道行云，诸法本无所从来，去亦无所至。中观云，观方知彼去，去者不至方。"[25]《道行经》中说："诸法本无所从来，去亦无所至。"诸法当体寂灭，本自无生。从缘而生，故无所从来；缘散而灭，故也无所去。如镜中像，缘会则显，缘散则灭，无来处，无去处。也如空中花，因眼病显现有花，病好花无，无有起灭。《中观论》中第二论"破来去品"原句是："已去无有去，未去亦无去，离已去未去，去时亦无去。……"[26]"对于去法、去者，去处皆是相待而有，不得言定有定无，是故决定知三法虚妄（因相对故），空无所有，但有假名，如幻如化。大方无隅，本无定向，去者妄指，其实无方可至。如人往东，究竟不知以何为东也。"[27]

"夫人之所谓动者，以昔物不至今，故曰动而非静。我之所谓静者，亦以昔物不至今，故曰静而非动。动而非静，以其不来。静而非动，以其不去。然则所造未尝异，所见未尝同。逆之所谓塞，顺之所谓通。苟得其道，何复滞哉！"[28] 比如人年轻时朱颜在昔，今已老迈，便说流光迁谢，故常说动而非静。而返观之，朱颜自住在昔，未尝迁至于今，故曰静而非动。人之以为迁流者，以少壮不来，故以为动。我这所谓不迁者，以少壮在昔不来今日，亦如老迈在今而不往昔，故应为静。同是以昔物不来为依据，但却见有动静之别，迁者以情逆理，故堵塞不通。悟者以理达事，故畅通无阻。

"既知往物而不来，而谓今物而可往。往物既不来，今物何所往？"[29] 既然知道往昔之物不来至今，则必然昔物必自住在昔。今物亦不可往至昔，则知今物必自住至今，此不迁之意明豁无误。怎么会有迷惑认为今物可迁而往呢？往物既不来，今物又何所往？

"何则？求向物于向，于向未尝无。责向物于今，于今未尝有。于今未尝有，以明物不来。于向未尝无，故知物不去。覆而求今，今亦不往。是谓昔物自在昔，不从今以至昔；今物自在今，不从昔以至今。"[30] 为什么是这样呢？求过去物于过去，过去物未尝没有。这就是佛法中讲的不灭之旨，如《法华经》所言"法住法位，世间相常住"之意。了知万物是因缘所生，无有自性，则知生物无实体，无实体则万物虚幻相。虚幻相不为实生，当然也不实灭。如电影胶片，过去能放，现在亦能，在因缘际会时过去幻相今日也能显现。故曰静而不迁。若今日找过去实在之物，则知今日未尝有。于今未尝有，以明知昔物不来；于过去物未尝无（幻相在昔），故知物必不去。用西方哲学语境而言，物体存在必离不开时空，因为时空为物存在的显现形式，离开时空之物是不可思议的。那么，物体存在与时空有如此因缘，则昔物的时空必不同于今物之时空，何况其他因缘也在变化，那么所存之物对今昔而言必不是一物。此中随顺俗谛而言时空，为物自相刹那变化之相续衬托相，已属分别妄执所计。但因世人分别念言语说故，亦可依语言假相安立。但不管是昔物还是今物，只是因缘相聚的虚幻显现罢了，故静而不迁其理甚明。既然虚幻之物相，则生不实生而是虚生，灭不实灭而是虚灭，实为不生不灭。这也是善恶因果不灭而报之性理。

也许有人问，虚幻之相如何有实际作用呢？虚幻之相于真谛言实无作用，即无生之法也是无为之用。但凡夫不能亲证无生无灭之理，落在有为生灭之中，执着自我与诸法，又因果不虚（不灭故），当然诸法皆有作用，此作用也是就于俗谛而言，尤如木匠以楔制楔，方便为用，并无不通之处。

"**既无往返之微朕，有何物而可动乎？**"[31] 至此揭示妙悟不落常情，诸法湛然常寂，无纤微朕兆来去之相，又有何物而能动转呢？深意表明，今昔之物本无去无来，关键是要用智照见时无古今，平等一际。若达古今一际，则觉照自在往来，所谓"处梦谓经年，觉乃须臾倾"。故时虽无量,可摄在一刹那。古今一切法,可刹那间平等显现。诗言:"枕上片时春梦间,行尽江南数千里。"以梦事而观诸法,非古非今,无古今之时。明了以上大意,芝诺悖论尚为笑谈,因为并无迁动、赛跑、追赶之事,哪又存在悖不悖论之说。但常人被物相迁流变化之表相所惑,又怎能了解万法常住不动真际,而西方哲学乃至文化的所有困惑,无不来源于此。这里不妨可以借鉴芝诺的悖论作为其探讨真理之注脚,让学人从反衬之道来悟解实际,亦不失为哲学探讨之一种路径。

实例释证。憨山大师早年读《物不迁论》,茫然不能解,怀疑多年。后在山中修习,重刻此论时确有物不迁之内证。其修证随笔如下:

"予少读此论,窃以前四不迁(四不迁者:日月历天而不周;江河竞注而不流;野马飘鼓而不动;山岳偃仆而常静)怀疑有年。因同妙师结冬蒲阪,重刻此论,校读到此,悄然大悟,欣跃无极。因坐礼佛,则身无起倒。揭簾而出视,忽风吹庭树,落叶飞空,则见叶叶不动。信乎旋岚偃岳而常静也。及登厕去溺,则不见流相。叹曰:诚哉,江河竞注而不流也。于是回观昔日法华世间相常住之疑,泮然冰释矣。是知论旨幽微,非真参实见,而欲以知见拟之,皆不免怀疑漠漠。吾友尝有驳之者,意当必有自信之日也。"[32] 略释如下:憨山大师虽年少读《物不迁论》有疑多年,但因一机缘,与妙师同住山修禅,而重刻此论时,恍然大悟。欣喜无极时起之礼佛(感恩心所至,知佛说真理),则身体没有起倒感觉。揭开门帘出外观看,忽然一阵风吹庭院之树,明明也知落叶飞空,却眼见叶叶不动(即幻迹常住也）。再去厕所小便，也知小便顺流，但眼却不见流相（不断不常）。于是诚信僧肇大师所言旋岚偃岳而常静（指水灾、火灾、风灾三大灾劫到时，风灾为最大最猛，可吹须弥山[小千世界中最大之山，日月绕山腰而行]犹如吹烂草一般），虽然俗谛观风吹大山犹如烂草而飞，但以正智而观却如如不动也（因其为幻迹故）。江河凝注而不流者，江河奔腾而下，实为不流之相。于是往日疑惑佛说《法华经》中"法住法位，世间相常住"句，今悟后得证，而一切疑问泮然冰释瓦解，知道大论旨运幽微，非亲参实证者不能了知也。而在中国佛教史上，能实参实证达此境界者，代有人出，也不计其数。故科学重实验，佛法重修证。若依佛经指授之方法修行，泯去识执，证我空与法空二空真如，皆能如实证得"法住法位，世间相常住"之不迁境界。当然也能明了生死之幻迹，实体中不动不静之真境，从而了知"自从识得曹溪路，了知生死不相干"的解脱生死烦恼的大涅槃境界。

注释：
[1]《西方哲学原著选读》上卷，商务印书馆，1981年版，第31页。
[2]《古希腊罗马哲学》，商务印书馆，1961年版，第52页。
[3]《西方哲学原著选读》上卷，商务印书馆，1981年版，第33页。
[4]《西方哲学原著选读》上卷，商务印书馆，1981年版，第33页。
[5] 亚里士多德：《物理学》，239b9-33。
[6] 亚里士多德：《论塞诺芬尼、芝诺和高尔吉亚》，第三章。
[7] 亚里士多德：《论塞诺芬尼、芝诺和高尔吉亚》，第三章。
[8] 柏拉图：《泰阿泰德篇》，第183页。

[9] 亚里士多德：《物理学》233a20-30。
[10] 亚里士多德：《物理学》239b5。
[11] "第欧根尼.拉尔修"，第六卷，第三十九节，塞克斯都.恩披里可："皮罗学说概略"，第三卷，第八章，第六十六节。
[12] 黑格尔：《哲学史演讲录》第一卷，商务印书馆，1959年版，第283页。
[13] 黑格尔：《哲学史演讲录》第一卷，商务印书馆，1959年版，第283页。
[14] 黑格尔：《哲学史演讲录》第一卷，商务印书馆，1959年版，第280页。
[15] 黑格尔：《哲学史演讲录》第一卷，商务印书馆，1959年版，第293页。
[16] 罗素：《西方的智慧》，中央编译出版社，2013年版，第41页。
[17] 赵敦华：《西方哲学通史》第一卷，北京大学出版社，1996年版，第34页。
[18] 汪子嵩等，《希腊哲学史》第一卷，第691页
[19]、[21]、[23]、[24]、[28]、[29]、[30]、[31] 僧肇大师：《物不迁论》。
[20]、[22]、[25]、[27]、[32] 憨山大师：《肇论略注》，宗教文化出版社。
[26] 龙树菩萨：《龙树六论》，民族出版社，2000年版。

第三章　苏格拉底悖论之正解
——本始论

柏拉图在其对话《曼诺篇》中，有这么一段看起来非常矛盾的话，令后辈学者百思不得其解。苏格拉底指出："任何人既不可能学习他知道的东西，也不可能学习他不知道的东西。他不能学习知道的东西，因为他已经知道了这个东西；他不能学习不知道的东西，因为他不能不知道在学习什么。"[1]

这段话包含的矛盾被后世称为著名的"苏格拉底悖论"。似乎这个悖论看起来是一种无奈，其实包含的内容广泛，意义深远。我们将对此试图加以解释，以期弄明苏格拉底真实的意图，以及真理所能呈现的正确方式。

西方哲学一向分为唯理论派和唯实论派两种倾向。唯理论又是天赋论者，而唯实派又是经验论者。如柏拉图当属唯理派，而亚里士多德属唯实派。故有人开玩笑总结说，人分两种，若不是柏拉图式的人物则必是亚里士多德式的人物。此言虽有些夸张，但人们心灵及性格中确有类似的气质。尤其是古希腊后期哲学家，其分裂痕迹尤甚于柏、亚二氏，造成了哲学史上长期的两派斗争。其实，这些矛盾均包含在苏格拉底的"悖论"之中。

苏格拉底曾提出"德性就是知识"的原则，他一生中的道德实践对此言作了很好的注释。尤其在他被判处死刑前后，他有多次求生的选择：他可以交付一笔赎金，换取生命；还可以带妻子和孩子上法庭求情，以感化陪审团进行宽大处理；临刑前夕，朋友们又为他安排好了出逃的道路。但他认为，这些行为都是与当时法律相抵触的不正义行为。他知道什么是正义，尔后不能再做不正义的事。宁可承受不正义的惩罚，也不愿做不正义的事。"德性就是知识"在苏格拉底这里则用生命的代价得到了诠释。

"德性就是知识"还有一个推论是："德性是可传授的，因为任何知识都具有可传授性。德性的可教性似乎否认了苏格拉底关于善是灵魂的内在原则的说法：根据前者，德性是通过教育而获得的后天习性；根据后者，德性是不假外物而存在于内心之中的天然本性。苏格拉底认为向善的本性和后天教育对于德性同样重要。"[2]后期哲学家对此没有深加体会，也缺乏深度研究，将此著名之论忽略而过。苏格拉底此处所说的知识，绝不等于现在学校所传授的普通知识。此处德性与知识画上等号，则此知识就是真理。平常人相互传授的知识对苏格拉底和柏拉图而言只是介于真理与意见之间的知识，或者只是意见，是人们根据日常生活经验，通过感官对经验世界的一些总结。对于变动不居的经验世界而言，只能形成的是意见，这是在柏拉图对话篇中多次强调过的。例如柏拉图的相论中就出现了两个世界：一个是相（亦译为理念）的世界，另一个是现实的世界；前者是真实的，后者是变化的。而苏格拉底的知识是高于原则的理念真实世界。变动的现实世界无法形成真正的知识。

对于苏格拉底之谜，柏拉图有"灵魂回忆说"的解释。除了在《菲多罗篇》讲着宙斯率诸神赴宴的比喻外，主要是说灵魂进入肉体是一种堕落，因此灵魂原有的东西会被忘失。但灵魂在未堕落之前，对理念领域是有所观照的，其中还包含着天赋的知识。灵魂在附着身体以后，由于肉体的干扰或"污染"，它完全忘记了曾经观照到的东西。只有经过合适的训练，才能使它回忆起曾经见过的理念。因此，学习就是回忆。

在《曼诺篇》中，苏格拉底做了一个实验，通过适当的提问，便使从未学习过数学的童奴知道如何计算正方形的面积，知道两个正方形面积之比等于它们边长平方之比。柏拉图通过这个事例说明：知识不是后天获得的，也不是从灵魂中自发产生的，而是灵魂固有的。或者说，先天地存在于灵魂之中，但处于潜在的状态，宛如在梦境一般。而学习的作用，在于触动、提示或唤醒知识，使之明白地昭示于灵魂。[3]柏拉图的"回忆说"旨在解决这样一个难题："一个人既不会寻求他所知道的东西，因为他既然已经知道它，就无需再探寻；他也不会寻求他不知道的东西，因为他甚至连他要寻找的东西是什么都不知道。"[4]这段描述就是苏格拉底之谜，但智者提出的这个悖论（指苏格拉底前所谓诡辩的智者所论）目的是为了否定知识的可能性，这对于哲学的研究是十分危险的，而苏格拉底及柏拉图对此显然不能熟视无睹。"回忆说"肯定的是一个人可以学习他所知道的东西，但是是用"回忆"的方式达到最终知道。也可以学习不知道的东西，所谓的不知道仅是因为灵魂堕落所导致的暂时"不知道"，在寻求、探索和启示的过程中，灵魂会返回原来的观照，达到对拥有知识的再认识。但要实现人生这种终极目的，必须要进行"死亡练习"，柏拉图说回忆就是死亡练习。其理由是，原初的知识既然是灵魂降落在肉体之前获得的，而灵魂在肉体之中又忘却了知识，那么，只有尽量地净化肉体的污染，才能尽可能地接近理念知识。最彻底的净化是灵魂与肉体的完全分离，这意味着个人生命的终结。死亡是灵魂重新回到对理念的观照，最高的智慧只有在死亡之后才能达到。因此，哲学家是惟一不畏惧死亡的人。[5] 柏拉图把灵魂的回忆等同于灵魂的净化，强调智力训练和道德修养的一致性，"死亡练习"和"爱的追求"同样神秘，最后达到"惊喜交集，不能自制"的精神境界。[6] 由此可以印证，苏格拉底在狱中临死之前会如此淡定和坦然，都是由于这种理念的引导和神秘的、似乎是"神"的指示而达到的不畏死亡，追求更加神圣世界的一种境界。

为此，赵敦华先生在《西方哲学简史》中总结到："'回忆说'在柏拉图哲学中占有重要地位，它的主要作用在于：第一，为苏格拉底方法提供了理念论的论证。苏格拉底方法相当于由低到高的集合法，这种方法之所以能够在灵魂内部诱导出真理，原因在于灵魂回忆起既有的知识，在于灵魂与理念领域的相通。第二，回答了生活在可感世界的人何以能够认识理念的诘难。在《巴尼门德篇》提出的诸难之中,这一诘难给理念论造成了'最大困难'。'回忆说'依据同类相知的认识论原则做出答复:灵魂来自理念领域,它所拥有的知识是理念对于理念的把握,人类知识是灵魂对过去经历的回忆。第三,论证了灵魂不朽。柏拉图把灵魂分为九等,最高级的灵魂属于哲学家,爱美者和音乐家,最低的两种灵魂分别属于智者和暴君,清白的哲学家如果在三个时期(每期一千年)都过着这样的生活,他们的灵魂就会重新长出翅膀返回世界。其余人等的灵魂在生命结束时则要接受审查,根据生前的善恶,或上升到较高等级,或下降到较低等级。暴君如果继续作恶,他们的灵魂将会沦为动物灵魂。[7]西方伦理学有把灵魂不朽说作为道德生活必要前提的传统,柏拉图的轮回说可以说是开这一传统之先河。"[8]

柏拉图在展示苏格拉底的多篇对话中,既没有按照某种确定的方式进行传授知识,也没有对对话中存疑的问题给以明确的答案,只是通过对话辩证的方式进行引导,让对话者自己认识到善本身、美本身、大本身等这些普遍性的东西。犹如苏格拉底的名言:"认识你自己"一样,在后来柏拉图的认识论中变成了"回忆说",即灵魂中本来就有的这些东西,只是由于进入肉体后被遮蔽而暂时忘记了关于这些理念的知识,学习就是要唤醒这些"回忆",恢复在"理念世界"原有的东西,那么,前提条件中必须是灵魂能够轮回转世才行。否则,唤醒其心灵的理念的"回忆"无从根据。这一观念与人生而言极其重要,也与东方文化有许多类似之处。

在儒学经典《论语》中,孔子有著名的"三知"论,即"生而知之者"、"困而知之者"和"学而知之者"。"生而知之"之贤圣，如果没有人生轮回之说，则其知之从何而来？若在心灵中原本存在，那因困而知和因学而知也都有唤醒"回忆"的意谓。

道家学说也有类似之处。老庄的返朴归真、罢智黜知看起来说的是"无知"，其实所要掘拆的只是世人的心机巧智之知。此知犹如苏格拉底讽刺的那些诡辩的所谓智者之知，只是人们的意见而已，这是无知的表现。只有铲除这些世智聪慧，才能显现心灵本有之知。即是无知无所不知，无为无所不为的清净境界。以上这些哲学思想，与苏格拉底的所谓"悖论"的深义有异曲同工之妙。

人既不可能学习他知道的东西（已知就不必再学），也不可能学习他不知道的东西（不知道的东西无从学起）。似乎这两路都不是人生的绿色通道，那么除了这两条路径外，是否还有第三条路径可走？这在佛学中被划为"本觉"和"始觉"问题。所谓"本觉"，即是众生本来佛性，为圣不增，为凡不减，不生不灭，凡佛一如，而此"本觉"永不变化。在《大方广佛华严经·出现品》中，佛告弟子："一切众生皆具如来智慧德相，皆因妄想、分别、执著而不能证得。"此言既有本觉佛（如来智慧德相）之意，也有始觉佛（后得一切智智）之意。所谓"始觉"，是指凡夫本来是佛，但因妄想、分别、执著为无明始，让众生本有智慧不能显现，从而沦为众生。若能放下妄想、分别、执著，即是恢复本来佛性，这就是开始回归"本觉"，也就是"始觉"。这是佛学中最最重要的真理观，若非众生本来是佛，则无论如何修行也不能成佛。虽然众生本觉为佛，但因无明业力覆盖又不是佛，通过佛陀指授的方法可以恢复原来本性。故佛教中常有"非修得亦非不修得"之语，看似矛盾如同苏格拉底的悖论，但其实恰恰是真理性之最好表达方式。"非修得"是指众生本来就有，不是因修而后有；"非不修得"是指虽为众生本有，但若不正确修行，而同样不能恢复证得。为此，佛在经中用"金与矿"来比喻说明。例如金矿，实有其金埋藏矿中，其金本有，不是炼后才有。然虽矿中有金，若不加冶炼，金不得出，故矿金仍不是金，非得冶炼才能得金。金喻本觉；矿金喻众生本来佛性，虽沦为凡夫，也不失其性。冶后之金喻为始觉，即去污染矿之无明，原金得以呈现，从而始觉合于本觉。

《大摩诃衍论》云："本觉各有十，云何为十本？一者根字事本。本有法身，能善住持一切功德。譬如树根，能善住持一切枝叶及花果等，不坏不失故；二者本字事本。本有法身，从无始来，自然性有，不从始起故；三者远字事本。本有法身，其有德时，重重久远无分界故；五者体字事本。本有法身，为诸枝德作依止故；六者性字事本。本有法身，不转之义常建立故；七者住字事本。本有法身，住于无住，无去来故；八者常字事本。本有法身，决定实际无流转故；九者坚字事本，本有法身，远离风相，坚固不动若金刚故；十者总字事本。本有法身，广大圆满无所不遍，为通体故。是各为十。"

第三章 苏格拉底悖论之正解——本始论

这是通过修证得如来清净法身,而法身妙德无穷,总以十字概括言之。但无论本觉还是始觉,合二觉总为一觉。其觉亦为"智"解。根据十种法身常德,亦得十种觉慧之解:

> 一者镜字事觉。清净明白无尘累故。二者开字事觉。萨般若慧,通达现了无障碍故;三者一字事觉。萨般若慧,独尊独一无比量(比量:指思维揣度逻辑推理等,意识边事。)故;四者离字事觉。萨般若慧,自性解脱,出离一切种种缚故;五者满字事觉。萨般若慧,自具足无量种种功德,无所少故;六者照字事觉。萨般若慧,放大光明,遍照一切无量境故;七者察字事觉。萨般若慧,常恒分明无迷乱故;八者显字事觉。萨般若慧,清净体中,净品眷属悉现前故;九者知字事觉。萨般若慧,于一切法无不穷故;十者觉字事觉。萨般若慧,所有功德,唯有觉照,无一法而非觉故。如是十种本觉字义,惟依一种本性法身,随义释异。指其自体,无别而已。[9]

上述所引宋代永明延寿大师在《宗镜录》中对本觉始觉及其慧功德之申论,无非让学者明了苏格拉底悖论之本意。更为重要的是,中西方哲学中因一方仅依意识形态而解释世界(指西方),而另一方却要泯除意识,显现本有般若智慧来观察宇宙世界,由此所产生的天地悬殊之文化差异非常明显突出,对文化之比较则能因此做出更好的人生选择。这是新时代文化之要求，也是东方文化智慧之自信体现。若没有对自己的博大精深之文化的深刻理解及真实修证，想比较中西文化之优劣，只能是纸上谈兵，除了自己不能很好受用利益外，对其他学人只会徒增诸多烦恼而已。

注释：

[1] 柏拉图：《曼诺篇》80c。

[2] 赵敦华：《西方哲学通史》，北京大学出版社，1996年版，第88页。

[3] 柏拉图：《菲名篇》81e-86c。

[4] 柏拉图：《菲多篇》81e-86c。

[5] 柏拉图：《菲多篇》250c。

[6] 柏拉图：《菲多篇》68d。

[7] 柏拉图：《菲德多篇》，248d-249b。

[8] 赵敦华：《西方哲学简史》，北京大学出版社，2001年版，第55页。

[9] 释延寿：《宗镜录》，西北大学出版社，第110页。

第四章　两个洞穴之喻
——生死论

雅斯贝尔斯讲过一句话："从事哲学就是学习死亡。"也许活生生的人对死亡这个话题最为反感。但因生而死似乎又是铁的规律，虽然其中包涵诸多的阴郁和沉重，但作为哲学的另一个重大命题，又不能藐视和逃避它，因为它如影随形地追逐着生命。

2012年6月12日黄克剑先生应邀在北京第二外国语学院文化研究院作《学人立志·学业境界·学术创新》为主题的学术演讲中，开宗明义，直以死亡为切入点，敲响了生命哲学的沉重钟声。他说："人在生命中旺盛的时候，对生命的短暂性，生的局限性，往往很难意识到。只有到了我这个年龄，似乎才有死亡的阴影慢慢地笼罩过来，生命短暂的话题也才变得切近起来。"[1]每个人从出生到中年，尔后慢慢变老，生死命题在心灵中渐渐变化，关注的倾向的着力点也在转移，随着生命力的衰颓，死亡的音符便由隐而显。无论是宗教家、哲学家，还是自然科学家及文艺爱好工作者都会投入极大的关注力，来探讨这个似乎永不受人们欢迎的话题。

"人如果不死，他不会更多地考虑人生的价值，不会考虑所谓立志的问题。我今天谈立志的问题，想来想去还是选择了从死亡这个很有点阴郁的话题说起，其原因就在于非以死亡的沉重不足以唤起生命的深刻。想想看，如果人不死的话，投身火里不死，掉进水里也不死，从楼上随便跳下去也不死，那还有谁愿意去思考人生的价值，人活着有什么意义这样的问题？"[2]的确，不以死亡的沉重，难以唤醒生命的深刻，佛家的警句是："生死事大，无常迅速。"《了凡四训》中也有："人生世间，惟死生为重，曰夭寿，则一切顺逆皆该之矣。"如今死亡无处不在，而活着却又能省察到深刻之生命的人却了了无几。

故世间混混噩噩之众生，整日追名逐利，与人生死之大事熟视无睹，更不要说是探究人生生死之大事了，这是麻木不仁表现之一种。

又，生又因为死而显现深刻和伟大，故有哲学上之意谓："为死而生。"而死又因为生显示其千古长存，源远流长，那是否可以说"为生而死"呢？子路就因不解生死之惑，曾问道于孔子，子曰："未知生，焉知死？"圣哲虽有指示，君子于生之重大意义，但仍留给后人无解之谜。冯达庵大阿阇黎于《佛法要论·人死问题》序中说："一涉死后状态，虽韦编三绝之大哲，犹未能答子路之问，况其下者乎？究孔子之意，疑者先须知生，始克论死。其实生死两端，同一支点；明则俱明，昧亦俱昧。死而不知，生于何有？"[3]两相比较，若仅因死亡而启示人生，但死亡问题不解，其生无论有多大价值、意义，其终归是无意义的虚无。故必一明俱明才有人生终极意义。

一、几位圣哲生死之端际的掠影

雅斯贝尔斯有一本著作《大哲学家》，其中提到影响世界文化即思想范式的创造者之哲学家有四位：中国的孔子、印度的释加牟尼佛、西方的苏格拉底和耶稣等。但把我们所熟知的圣哲老子却放在了原创形而上学家中。其划分妥当与否我们置而不论，这里不妨将老子并列于前四位圣贤中，以掠影的笔墨来简述一下他们临近死亡边际状况，从而看看可否获得人生的价值意义的特殊启示。

因为地域、环境、人类生存条件的差异，中西方文化表现的特质也大相径庭。但对世界现象的本源性的探究，对万物之所以生灭，尤其是人的生死问题的追问，会表现出完全一致的倾向。而被世界上公认的这些圣哲所揭示的真理也无疑会成为我们学习最好的典范。

（一）据西方资料的记载，苏格拉底与耶稣之死显然是悲壮的，而悲壮的激烈程度由耶稣被钉死在十字架上便将这一壮举推向顶峰。按照一般人的俗见，苏格拉底逃离那次死亡是很容易的。从柏拉图的作品《游叙费伦篇》《克力同篇》《斐多篇》及《苏格拉底的申辩》都可以清晰证实这一点。苏格拉底被套以两项莫须有的罪名：一是慢神；二是蛊惑青年而被送上法庭。如果在法庭上苏格拉底低声下气一些，或多请求宽恕，或多交一些罚款之类的，那死刑的判决就会逃之夭夭。如果在监狱中可以按克力同等朋友所设计的逃监等也会免于死亡，但这不是苏格拉底所希望和追求的，而是要遵守公民道德和维护国家法律的尊严。虽然受到不公的判决，但情愿依着公正做人的原则而牺牲生命。正如黄克剑教授在演讲中所说的："往往活得比较自觉的人，对人生的意义有所了悟，尤其是有透彻了悟的那些人，他们的死往往是他们对生的最好的诠释。例如，苏格拉底。他被当时的雅典法庭宣判死刑，罪名是不学习神，蛊惑青年。这是很重的罪，却是莫须有的。苏格拉底完全有机会从监禁他的地方逃走，他可以通过缴纳一笔赎金，让自己苟活下来，但苏格拉底没有做这样的选择，他就待在关押他的地方，等待死刑的执行。他要以他的死，来诠释他的生。他如果逃走了，他生命里某种风骨性的东西，某种境界性的东西，也就消失于无形了。结果，他从容地选择了死。这死，是他对自己生命分量的富有悲剧感的告白，是他哲学的使命，因他自己的话说，就是最大程度地改善人的心灵。你说他不敬神也罢，你说他蛊惑青年也罢，其实，他做的就只是这件事。我做了这件事，我就要承担这件事可能带来的后果。他可以死，但是他不能放弃他的信念，不能放弃他学说里面渗透的那种人生追求。"[4]而苏格拉底之死，成为了西方圣哲"因死而生"的最具有启示性生命意义的价值趋向。

（二）耶稣如同苏格拉底，遵照神的旨意去唤醒人的善良，这位布道者的不苟于世遭到了当时祭司长们的反对和嫉妒。他预感到自己将遭受迫害，甚至可能被处死。他将这些想法告诉了门徒。彼得说道："莫非上帝不救我们？"耶稣答道："难道你如此脆弱，不愿意赶赴苦难？或者认为，我不愿意受苦难？你还有什么想法？你还不知道神之力；神之力使人崇尚职责，为职责甘愿意牺牲尘世一切欲望乃至生命！"继而，耶稣对他的门徒说道："谁遵循义行，谁就学会弃绝；谁对行义矢志不移，谁就应准备作出牺牲乃至献出生命。谁爱惜自己的生命，谁就贬抑自己的灵魂；谁将生死置之度外，谁就忠于自己最好的'我'，并使其从自然的左右下解脱。倘若贬抑自己的灵魂，即使赚得全世界，又能有什么益处呢？失去之义又如何弥补呢？总有一天，被压抑者重新被照耀，再度重振的理性给每人以应得的报应。"[5][6]是犹大出卖了耶稣，还是耶路撒冷的众祭司的捉拿，或是罗马执政官彼拉多的审判都不重要，而让耶稣背上十字架，判处死刑的罪名是渎神和鼓惑民众叛乱，漠视国家法度，导致民众拒不给该撒纳税，并指控耶稣自称为王等，这与苏格拉底的罪名多少有些近似。但更为残忍的是，耶稣是与两个强盗被一同钉在十字架上，这种死刑方式来自罗马。当时，这种受刑被视为极端屈辱的，超过现今绞刑的残酷，又在处死前受尽凌辱和谩骂。因此，耶稣之死是死亡圣哲中最为悲壮的一页。而他最后的话是："我认为，我来到世间，是为传授真理，这是我的使命，——传授真理，使更多的人拥护真理。"[7]为拥护和传播真理而死，死得其所。而如此极尽惨忍的壮美之死，在尽大可能的限度内解释了基督教的"道成肉身"的教义，将教徒们对耶稣的崇拜与上帝紧密联系到了一起，十字架成为永久的象征。

我们将目光转回东方，再现中国的孔子、老子及印度的释迦牟尼佛的临终之状。

（三）《史记·孔子世家》记载，孔子临终时也早有梦示，见到弟子子贡时只是感到大厦将倾，柱梁坍塌，道将不行。但一切是那样的自然和平和。其原文是："孔子病（时值孔子七十三岁），子贡请见。孔子负杖，逍遥于门，曰：'赐，汝来何其晚也？'孔子因叹，歌曰：'泰山坏乎！梁柱摧乎！哲人萎乎！'因以涕下。谓子贡曰：'天下无道久矣，莫能宗予。夏人殡于东阶，周人于西阶，殷人两柱闲。昨暮予梦坐奠两柱之闲，予始于殷人也。'后七日卒（正是鲁哀公十六年四月已丑）。"[8]孔子因梦启示知自己不久将逝，但依然能柱杖逍遥，见人而歌，又一次见证孔子所说的："十五而学，三十而立，四十不惑，五十知天命，六十耳顺，七十随心所欲不逾矩"的伟人境界。但晚年更加悲天悯人，其道不能运行，其德不能福民而又感伤不已。明朝张楷图赞本《孔子圣迹图》之"泰山其颓"篇谓："梁折山颓，哲人斯萎，聆子之歌，知道知衰。逍遥于门，奄忽而病，藏往知来，达生委命。"孔子自有素王之称，有"朝闻道，夕死可矣！"之志，删《诗》、《书》，编《文艺》，作《春秋》，道承圣王三代，德行广于天下，中华有孔子，犹有日月也。其生死，于孔子言身存身逝似无所区别。

（四）真逍遥者，老子展现的是另一类图景。晚年骑青牛过函谷关，为尹喜所逼留下《道德经》五千言，后又不知去向。《史记·老子世家》中仅有一言："莫知其所终。"除给后人留下无限遐想以外，也有许多神秘意谓。庄子哲学与老子一脉相承，承袭及沿续而成"老庄之学",尤如"孔孟之道"之密学关系。故从庄子对死的情态亦可窥见老子临终之一斑。《庄子·至乐》篇中记载这样有趣的一桩事:"庄子妻死,惠子吊之,庄子则方箕踞鼓盆而歌。"[9]庄子非但不悲,反敲盆歌唱,这让惠子实不能忍,并责备道:"与人居,长子老身,死不哭亦足矣,又鼓盆而歌,不亦甚乎!"[10]庄子对曰:"不然。是其始死也,我独何能无概然!察其始而本无生,非徒无生也而本无形,非徒无形也而本无气。杂乎芒芴之间,变而有气。气变而有形,形变而有生,今又变而之死,是相与为春秋冬夏四时行也。人且偃然寝于巨室,而我噭噭随而哭之,自以为不通乎命,故止也。"[11]此为老庄生命哲学之本体说。诸多学者谈老庄宇宙万物之始起源于"气","气"为阴阳,是其极细微的"气"构成万物的物质本原。其实与"气"而言,又有"无气"之更深层,故言:"非无形也而本无气"之说,尤如老子于《道德经》之形象描述:"常无,欲以观其妙;常有,以观其徼。"其玄之又玄,妙之又妙的本体则"视而不见"、"听之不闻"、"搏之不得"的"无状之状,无物之象"的"惚兮恍兮"之象,说到"气"已是妙体之所生物。庄子之所以对妻子之死能"鼓盆而歌",与常人大不相同,就是建立在此"无生"亦"无死"的基础之上的,那么老子之所终也必如此。

最后要介绍的是古印度时期的释迦牟尼佛的生死观。佛陀临终入灭于拘尸那国娑罗双树间,时年七十九岁。佛陀亲证法身佛果后四十九年说法,留下三藏十二部,浩如烟海。临入灭前又说《大般涅槃经》约四十卷。经中宣讲法身常住妙境,常、乐、我、净为佛性四德。并指明"一切众生皆有佛性",世间一切有为法之无常、苦、空。但因佛陀证到法身常住不灭之佛果,其常人看到的死亡对佛陀而言并非油尽灯灭,或薪尽火灭,一切无存,而是常住不易。虽时现灭相,但入不可坏之金刚法身而不生不灭,此谓之"涅槃"。如《涅槃经·寿命品》中佛陀告诉纯陀:"如来已于无量无边阿僧祇劫无有食身、烦恼之身、无边后身、常身、法身、金刚之身。"[12]故佛陀入灭而得无余涅槃既法理深奥,又意义非凡。又《涅槃经》中自述得涅槃者获八大自在:一、能示一身为多身;二、示一尘身满大千世界;三、大身轻举远到;四、现无量类常居一土;五、诸根互用;六、得一切法如无法想;七、说一偈义,经无量劫;八、身遍诸处,犹如虚空。此等大自在大自由不仅是一切众生之向往,也可概括以上圣贤的所有理念,但愿也能为凡众燃起导航之灯塔,以品味生死之意义。

二、两个洞穴故事之比喻

第一"洞穴"故事即是柏拉图在《理想国》第七卷所描述的最为著名的"洞喻"。

故事的简概是:有这么个地洞,一条长长的通道通向地面,和洞穴等宽的光线可以照进洞底。很多人从小就住在洞里,但他们的脖子和腿脚都被捆绑着,不能走动,也不能扭过头来,只能向前看着洞穴的后壁。在这些人背后远处较高的地方有东西在燃烧,并发出火光。火光和这些被囚禁的人之间筑有一道矮墙，如同像木偶戏一样，演员在自己和观众之间有一道屏障，演员们把木偶举到屏障上面看表演。洞中的囚徒除了看到因火光投射到洞壁上的阴影外，其他什么也看不到。但他们并不知道这是阴影，即使是有一个过路人发出声音，因为洞壁的回声，他们也觉得一定是移动的阴影发生的声音。长久以来人们生活的感观世界无非就是这些人造物的阴影。而突然有一天发生了一件事，他们中的部分人能够解除禁锢，挣扎后站了起来，转动脖子环顾四周，开始走动，并因光的作用而抬头看到了那堆火。虽然一开始有些痛苦，因为眼睛不适应光而导致眼花缭乱，无法看清同伴们所能看清的实物，但经调整适应后，且有人告诉他以前看过的东西都是虚假的，一直被蒙在欺骗之中，而现在他真正接近了实在，转向比较真实的东西。

再进一步，他强迫去看那火光，他的眼睛一定会感到疼痛，他会转身逃走，回到他能看得清的事物中去，并且认为这些事物确实比指给他看的那些事物更加清晰，更加精确。但因光的原因他们也不甘心，再要是有人硬拉着他走上那条陡峭崎岖的坡道，直到他被拉出空穴，见到外面的阳光，他一定会很恼火，感觉被迫行走很痛苦。且刚到金光灿烂的太阳下，他会两眼直冒金星，根本无法看到真实的事物。但人的适应能力很强，适应光线后，将会看到洞外所有的事物。先是最容易看到的阴影，其次是那些和其他事物在水中的倒影，再次是这些事物的本身，最终能观察太阳本身，看到太阳的真相，不用再借助于水中的倒影或其他介质，而对事物的本身一目了然。

从此他知道了太阳造成的四季交替和年岁周期，并主宰着可见世界的所有事物，太阳也是他们过去曾经看到过的一切事物的原因。

被解禁的囚徒因为光的原因，他再不会要那些洞底下所谓虚假的荣誉和表扬，虚荣的奖励，既不会妒忌那些受到囚徒们的尊重的领袖，也不会与他们争权夺利。他们宁愿吃苦也不愿意再过囚徒生活。甚至是为了搭救同伴而再次下到洞底，因传播真实而扰乱虚幻世界人们的生活规则，从而导致被杀的灾难。[13] 这就是柏拉图理念论故事的直观表现。在这个故事中，柏拉图想说明的是：

①人们长期生活在虚幻的感观世界中，但却愚痴地认为那是真实的世界。因为黑暗的洞底缺少光明，看到的事物并不是事物的本身，而只是事物的影像。

②人们被长期囚禁着，是什么导致了他们被捆住了手脚，身体不能转动？那就是长期追逐名利的欲望。

③因欲望的驱使，导致人心不能凝静，难以发出智慧之光，而只能依凭意识去对应外面的世界。意识是不停变化的，外物也是变动不居的，故眼、耳、鼻、舌、身、意六识对应的感观世界虚幻不实，可是因为心智不能开启，难以穿越变动不居的虚幻世界而进入真实。

④与意识领悟的感观世界不同，灵魂之光显现的智慧可以上升到真正可知的世界。故意识形成的感觉只能是大众的意见，而灵性智慧对应的世界却是世界的本原，这才是真正的知识。

⑤囚徒被解放一定是有超人的圣者所唤醒，将真理之光指引给被禁锢者，告诉人们什么是不可靠的、虚幻的事物，什么才是真实

本原的事物。这就是教育的根本意义。

⑥困惑被解禁后在探索真理的过程中，会碰到非常多的痛苦和障碍，如同长期在黑暗中的人们不能适应阳光一样，但追求光明是人的天性，只要有圣智者的指导，还有自己探求真理的效力和决心，就一定能洞察一切事物的本来面目。即使为此而付出生命，也会对此再所不惜。

⑦同是人类，同是伴友，获得真知的人不能再成囚徒，也更加不愿意成为囚徒。但他们却有一颗济世救人之心，要传播真理和光明，即使为此扰乱了凡俗世人的正常生活而导致悲惨的命运，甚而为之付出生命代价，但为人们获得真理、获得真实的生命、获得永恒的幸福，无论是怎样的付出都是值得的，这便是所有宗教、哲学、科学、艺术的唯一主题。故苏格拉底、耶稣之死，孔子的临终感叹，老子的逍遥所终，释迦佛的涅槃正义与光明，无不给世人以永恒的启示。

对此，柏拉图最后总结说："我们必须把这番想象整个地用到前面讲过的事情上去，这个囚徒居住的地方就好比可见世界，而洞中的火光就好比太阳的力量。如果你假设从洞穴中上到地面并且看到了那里的事物就是灵魂上升到可知世界，那么你没有误解我的解释，因为这正是你想要听的。至于这解释本身对不对，那只有神知道。但不管怎么说，我在梦境中感到善的型乃是可知世界中最后看到的东西，也是最难看到的东西，一旦善的型被我们看见了，它一定会向我们指出下述结论：它确实是一切正义的、美好的事物的原因，它在可见的世界中产生了光，是光的创造者，而它本身在可知世界里就是真理和理性的真正源泉，凡是能在私人生活或公共生活中合乎理性行事的人，一定看见过善的型。"[14]

第二个洞喻的故事来源于《佛说譬喻经》。

此经内容虽短，但寓意极其深刻。现将这两个洞井比喻放在一起对比，可对人的生与死会有深刻的反醒。故事原文如下：

"尔时，世尊于大众中，告胜光王曰：'大王，我今为王略说譬喻，诸有生死昧著迷惑，王今谛听，善思念之。乃往过去于无量劫，时有一人，游于旷野，为恶象所逐，怖走无依，见一空井（也可指洞井、洞穴），傍有树根，即寻根下，潜身井中。有黑白二鼠，互啮树根；于井四边，有四条毒蛇，欲螫其人；下有毒龙。心畏龙蛇，恐树根断，树根蜂蜜，五滴堕口，树摇蜂散，下螫斯人。野火复来，烧燃此树。'

王曰：'是人云何，受无量苦，贪彼少味？'

世尊告言：'大王，旷野者喻于无明长夜旷远，言彼人者喻于异生，象喻无常，井喻生死险岸，树根喻命，黑白二鼠比喻昼夜，啮树根者喻念念灭，其四毒蛇喻于四大，蜜喻五欲，蜂喻邪思，火喻老病，毒龙喻死，是故。'"

略释此喻有以下几点：

① "乃过去无量劫，时有一人，游于旷野。"说明异生（包括人在内的一切众生）无始轮回于六道之中，头出头没，无有出期。在六道中苦游不息，喻为游于旷野。旷野喻于无明长夜旷远。众生无真实智慧为喻无明，没有内心光明之智，故为六尘虚幻所迷，相

当于囚徒生活于洞底，而无真实之认识。追逐虚假名利而导致无明业力覆盖内心光明。

②"象喻无常"者，说明一切有为法无常变灭，迁流不息，于此有为法中实不可得。恶象追逐即喻人的生生死死，有为法易变之苦恶逼迫众生流转不息。

③"井喻生死险崖"者，说明众生虽在生死一线之间，但因无智故以为生有欲乐，似乎有井洞可以避开恶象无常追逐，而偶得脱危。实愚痴之想。

④"树根喻命"者，说明众生转生为一期之生命，如人不过百年之寿等，似乎可抓根立命，游戏人生。故依井寻根而潜傍于井洞中。同时说明众生因无明不能认识真实大千世界，只能坐井而观。尤如柏拉图洞喻中的囚徒只能看见皮影一样。

⑤"黑白二鼠以喻昼夜，啮树根者喻念念灭者"，可知人一出生即被判处死刑，好似死缓。随着昼夜的流失，生命慢慢变老至死。故黑白二鼠互啮树根，实指啮断命根。有生即有死，无常事物中生灭的因果规律而已。而人不觉醒似乎有诸年之生活，其实无常法是念念生灭，生命也在念念生灭之中而虚度。

⑥"四条毒蛇喻于四大"者，即组成物质之地、水、火、风也。地表坚性、水表湿性、火表炎性，风表动性，四大假合，而识性又涵蕴其中，则有身心的物质、精神状态发生。地、水、火、风又相生相克，随时变异，因缘相聚时则能平衡，显身体健壮，心情愉悦。因缘坏灭时则四大分解，而生命告终。故"四大"喻为四条毒蛇，

随时咬啮生命之根。

⑦"火喻老病，毒龙喻死"者，指落井抓树根之人，因渐老渐病致根断而落毒龙之口，即指死亡之域，人人非能逃避。一但识此真理，人怎么还甘心做洞中囚徒？

⑧"蜜喻五欲，蜂喻邪思"者，即是指财、色、名、食、睡是人世间五欲之乐，对贪欲众生言像是蜂蜜，总不肯舍离，最后终归被五欲之毒而害死。但人因无明迷惑，又不能正思维、正智慧，故生邪思邪慧，喻之为蜂。此邪见偏偏追逐虚假之物欲，稍有蜜滴（五滴指五欲）堕口，又乐不自胜，乐而忘返，诚可悲可叹！一但遇有圣智者宣讲真理，让俗智之辈远离五欲、无常、不净之害，诸囚徒却反倒以为圣人病癫，违背常理，让其不得自在，继而起心杀害之。这种真实故事也不停在人间上演着，无有穷期。

以上列举二洞比喻，读者可对比来看。西方哲学在追求真理过程中探索生命真实，寻找智慧之神光。而东方哲学直接将真实生命和真理智慧清晰显现给人们，让人快速觉悟，远离邪思邪见之路，破除无明之力，而得救度。故因死而生或因生而死又都成了表象之学，求得生命的永恒才是智者的主题。

三、无生无死之真理依据

苏格拉底临终之际，他的一位忠诚的学生斐多一直陪伴在他身旁。而苏格拉底对死非常冷静淡然，在狱中和在外谈话一样，但所有话题转向了非常严肃的神性问题——灵魂不朽和轮回转世。"我们的出生只不过是一种睡眠和遗忘。"[15]后天的学习只是回忆起在生命中获得的知识。灵魂是不朽的，因为它能领悟，能分享真、善、美，而这些东西是永恒的。苏格拉底当时的行为和语言都显得相当快乐，厄刻克拉底为此惊叹道："他高尚地面对死亡，视死如归。我禁不住想，甚至在他去另一个世界的道路上都有神的旨意在指引，如果人可以去那里的话，那么他到达那里时一切都会很好。"[16]这种纯洁、宁静、甚至向往死亡是有强烈的哲学理念作为坚实的支撑。因为神性的召示让苏格拉底获得了真理。其死之体验产生的灵魂不朽及轮回转世，以及所描述的天堂与地狱的生动图影深刻、长久地影响着西方文化，甚至成为基督教的理论基础。

耶稣同样倡导灵魂不朽的基督教精义，临死的惨状并不能阻止耶稣向上帝身边的回归。死亡虽是痛苦的，但能回到天国，重新复活而得到救赎即是死亡之必须的代价，也是实现幸福的过程。因此，面对死亡，耶稣也呈现的一种心灵上的纯粹和无怨无悔。

老子晚年的逍遥自在，同样透露出他获得了"新生"的价值，因为生是一种假相，无生才是真实的。当把生命肉体回归到太极图式所不死的无限之中，就是极致地回归到了自然纯真的状态。

孔子临终的感叹只是慈悲仁心的流露。他同样有许多神性的体验，而所崇尚的上天之帝既是圆满道德的化身，当然也有其对应的美好的世界。故面对死亡也是泰然自若，视死如归，这不仅是为了完善生命的意义，其实是有坚定的信仰为根本依据的。

佛法中的"涅槃"妙义可以一一解释这些圣者面对死亡的行为。涅槃有诸多异名，如无生、无出、无作、无为、归依、解脱、光明、灯明、彼岸、无畏、无退、安处、寂静、无相、无二、一行、清凉、无暗、无碍、广大、甘露、吉祥等等，所有这些字义只能表示涅槃中的妙德支分，故涅槃妙义无穷。综而言之，可用法身、般若、解脱三德概括之。如《涅槃经·寿命品》中说："解脱之法亦非涅槃，如来三身亦非涅槃，摩诃般若亦非涅槃，三法名异亦非涅槃。我今安住如是三法，为众生故，名入涅槃。"[17] 一切世间的事物皆是有为造作之法，而有为法之出兴不离因缘。缘聚则起，缘散则灭，此佛法之正理。既然诸法是因缘合和而生，实际是无有真生。因为诸缘刹那变化，和合而成的事物也是刹那变化的，没有坚实的自性存在，法无自性，即诸法无我，无我则无实际，故其生为其假生。这个原理也证明了以上诸位圣者证明的人的感观世界的虚幻性。若诸法无有真实生，即为假生，则生死也不例外，生生死死自然是假相显现。这就是诸法无生无死之意。但长久生活在世间的普罗大众，犹如长期生活在"洞底"的囚徒一样，见到洞壁的阴影认为是实在之物，从而引起追逐不舍之心，是名逐妄。冯达庵大阿阇黎在《佛教真面目》中说："众生五识身忘却本来面目。缘力所牵，不能自主；驰逐妄境，结成五蕴。本无物质，执有色法，是名色蕴；幻法当前，妄起受感，是名受蕴；随法注想，不能遽舍，是名想蕴；行法过渡，惑于假迹，是名行蕴；辨别法相，辄被识滞，是名识蕴。"[18] 受五蕴所拘，众生翻成四种颠倒：（一）于世间无常之法而起常见，是谓常颠倒；（二）于世间诸苦而起乐见，是谓乐颠倒；（三）于世间染法而起净见，是谓净颠倒；（四）于世间无我法而起我见，是谓我颠倒。四种颠倒妄见必然遮蔽真理，故有圣人起而引导之，让众生认识真理，而能与生死大事有真实识知。

佛学正义：一面谈万法皆空，一面谈万法缘起。即"无性缘生，缘生无性"之正旨。仅仅知道事物有生有灭，但不通达法无自性，这是众生俗见，也基本上是普遍哲学家或世俗宗教家的通见，因此，普通哲学及宗教仍然无法揭示真理。而对缘起无自性之空见落于意识形态上之执著，则会形成断灭之恶空见，从而否定因果法则，藐视诸法缘起之森严规律和有条不紊之性理，从而滑入虚无主义一切无意义无价值的深渊。同时，还要防止二乘因耽空故（已断俱生我执，证生空真如者），产生另外四种颠倒：（一）于真常而起无常见，谓无常颠倒；（二）于真乐而起不乐见，谓无乐颠倒；（三）于真我而起无我见，谓无我颠倒；（四）于真净而起不净见，谓无净颠倒。以上所谈八种颠倒都是六识上相对的道理，总不究竟。尚不知法界本性有真常、真乐、真我、真净，此无余涅槃的常、乐、我、净之法身如来的四种本义。

依冯达庵大阿阇黎的《般若波罗蜜多心经广义》对真常、真乐、真我、真净之解释，可以通透世间、出世间一切真理。其原文是：

（一）真常：法法过渡时，同样的幻影鱼贯出现，恍若一切长存。此固凡夫误以为常者。二乘觉为过度间之连续虚影，谛审法法随起随灭，允矣。然只知其作用无常，而不知法法本性永远常住。所谓灭者，乃缘虑不到耳。因作用无常而误认法体无常，是谓无常颠倒（注：诸法本性常住为真常之道）。

（二）真乐：以尘境言之，乐只表示苦之减轻。凡夫误认实有其乐，固可嗤；二乘只知是苦，亦只识上幻觉。若知法法真常，则任何法性，当自他互相加持之时，恒有一种开发之乐，此乐乃福德表现之绝对境界，非尘境上相对假乐可比，故曰真乐。此等真乐，二乘不能发觉，只知有苦而已，是谓无乐颠倒。

（三）真我：我只一种符号，非有实在之质，能作身心主宰者，凡夫误认为有，二乘则知是假我也。然此假我，原是末那识分位幻成，其相固虚。而究其起因，却有相当种性为骨子，深入法界本体，便悟一切含识之伦莫不有真我特性，依相当据点而活动，此本入金刚心而后明，宜乎二乘之起无我颠倒也。

（四）真净：不净者，适于习惯之尘相忽为他尘混扰之色法也。凡夫于相对中，择取适于习惯者而享用之，强名为净；实际恒有他尘混扰，不自觉耳（如清水中仍有微虫之类）。二乘已开天眼者，洞知一切尘相皆是不净，尚矣。但的的见性者，开为前五识，任何色法恒能不被他尘垢染，超脱二乘之无净颠倒也。[19]

了知诸法本性中有真常、真乐、真我、真净，则能证法身常住不灭，般若智慧照了诸法万相恒不蒙蔽，出一切生死之苦，烦恼永尽，无生无灭，湛若虚空，不住生死涅槃，穷未来际利乐有情，而永得解脱。这应为生死烦恼之一切众生所趋的终极之道。

六祖《坛经》机缘品第七有偈云：

> 无上大涅槃，圆明常寂照。
> 凡愚谓之死，外道执为断；
> 诸求二乘人，目以为无作；
> 尽属情所计，六十二见本。
> 妄立虚假名，何为真实义？
> 惟有过量人，通达无取舍。
> 以知五蕴法，及以蕴中我，
> 外现众色相，一一音声相，
> 平等如梦幻，不起凡圣见；
> 不作涅槃解，二边三际断。
> 常用诸根用，而不起用想；
> 分别一切法，不起分别想。
> 劫火烧海底，风鼓山相击，
> 真常寂灭乐，涅槃相如是。

我今强言说，令汝舍邪见，

　　汝勿随言解，许汝知少分。

注释：

[1] 黄克剑：《论教育·学术·人生》，华东师范大学出版社，2014年版，第164页。
[2] 黄克剑：《论教育·学术·人生》，华东师范大学出版社，2014年版，第164页。
[3] 冯达庵大阿阇黎：《佛法要论》，宗教文化出版社，2015年版，第291页。
[4] 黄克剑：《论教育·学术·人生》，华东师范大学出版社，2014年版，第166页。
[5] 见《新约名书·路加福音》。
[6] 黑格尔：《宗教哲学》，中国社会出版社，2005年版，第936页。
[7] 黑格尔：《宗教哲学》，中国社会出版社，2005年版，第936页。
[8] 司马迁：《史记·孔子世家》。
[9] 雷仲康译注：《庄子·至乐篇》，湖北人民出版社，1994年版，第152页。
[10] 雷仲康译注：《庄子·至乐篇》，湖北人民出版社，1994年版，第152页。
[11] 雷仲康译注：《庄子·至乐篇》，湖北人民出版社，1994年版，第153页。
[12]《涅槃经》，（见《大藏经》）。
[13] 王晓朝译：《柏拉图全集》第二卷中《国家篇》第七卷，人民出版社，2003年版，第510-514页。
[14] 王晓朝译：《柏拉图全集》第二卷中《国家篇》第七卷，人民出版社，2003年版，第514页。
[15] 王晓朝译：《柏拉图全集》之《斐多篇》人民出版社，2003年版，第53页。
[16] 王晓朝译：《柏拉图全集》之《斐多篇》人民出版社，2003年版，第53页。
[17]《涅槃经》，（见《大藏经》）。
[18] 冯达庵大阿阇黎著：《佛法要论》，宗教文化出版社，2015年版，第174页。
[19] 冯达庵大阿阇黎著：《佛法要论》，宗教文化出版社，2015年版，第632-633页。

第五章　四因与四缘
——因缘论

亚里士多德被西方哲学界称为"知识渊博的大师",其学术的深度与广度、原创性和影响力在西方哲学上都占据极为重要的地位。亚里士多德的哲学包括了学科的全部领域:逻辑学、数学、物理学、生物学、心理学、伦理学、政治学、美学和形而上学等。因此他又被誉为"百科全书"式的人物。他极其善于总结古希腊自然哲家的各种基质的理论,以及他老师柏拉图和师爷苏格拉底的哲学思想,但又不是简单的摹仿和照搬,而是运用现实的物理现象来进行探索和研究,以此纠正前人不正确的思想观念。亚里士多德认为,第一哲学不仅要说明实体是什么,更要说明实体为什么成了实体,即不仅要"知其然",而且要"知其所以然"。当他发现诸多自然哲学家提出的"水原说"、"土原说"、"火原说"以至"气原说"以及恩培多克勒和德谟克利特的"原子论"时,总是不能完整的解释实体之所以存在或产生的原因。而老师柏拉图的"理念论"又有与现实世界相脱离的危险,比如像"垃圾或头发"这样的污浊物在善的理念世界找不到对应的理念型相一样,具有相当的不完整性。于是根据其一生的研究，提出了构成实体原因的"四因说"。

一、四因说的基本内容

亚里士多德的"四因说"来源于实践的总结，总的来说是简单的。任何事物发生和出现的必须条件都被称为原因。亚氏的四种原因是：（1）质料因。他理解为天然的、未分化的材料，事物就是由质料因构成的。比如雕塑家用青铜制作雕像，其任何无形式的青铜就是质料。（2）形式因。指当事物完全实现其目的时，在事物身上所体现的模式或结构。比如雕塑家设计的理型而用质料青铜将其表现出来，最后构成的雕塑形式，就是形式因。（3）动力因。是积极的作用者将要产生的事物作为其结果。比如雕塑家要完成其雕像而进行塑作，对其材料赋于动力的因素，包括动手及雕塑工具等，为实现雕塑形象而发生的运动过程。（4）目的因。是事物的目标或最终目的。比如雕塑家的设计的理型被完整的实现，最后形成的雕像。

之所以说是亚里士多德对实践的总结提出的"四因说"沦为一种肤浅，似乎世界上每一发生的事物都有以上的四种原因的图式。而他研究基础科学就是为了寻找事物发生的因，但因为其总结的"四因"中又有许多交叉和漏洞，不能真正说明事物发生的原因。因此，其"四因论"并没有为后期的哲学家乃至科学家完全沿用下来。

二、亚里士多德"四因说"的错误

亚里士多德提出的"四因说"从表面上看似乎很有道理，但从实质上经不起认真推敲。

（一）形式因与质料因可否分离问题。众所周知，只要是眼、耳、鼻、舌、身形成了五识对其可观的事物（又称现量境），则其质料必定具有形式，因为没有形式的内容和没有内容的形式都是不可思议的。上述举例的雕塑家用青铜进行雕像，不管雕塑家是否用还是未用的青铜，则青铜的任何时候都表现为原料与形式的统一，无论青铜表现为何种形状。之所以被人们认为有各种形状，正是其不同形式造成的。因此，当青铜被雕塑家再形成心目中的雕像时，只是形式发生的变化而已，但同样没有离开质料与形式的统一。因为质料必表现在时空之中，才能被人们所认识。故质料因和形式因是不可分离的，不能拆分成二因的形式来说明事物的性质和发展。为此，亚里士多德后期总结的是形式因规定了事物的本质，包含着事物发展的动力和目的，认为形式因是积极的、能动的和决定性因素；原料则是消极的、被动的和被决定的因素这个论断就是错误的。而当亚里士多德认为的形式因是事物的根本规定时，即是事物的目的时，则其形而上学就能自然形成，而无原料的形式则会是神学的基础，故研究神学的形而上学被亚里士多德称为第一哲学似乎有其物理基础，但其实是偏离了事物的根本，错误性是显而易见的。

亚里士多德这种原料与形式的二分性，导致了后期诸多哲学家与美学家的无穷争论。有的认为内容大于形式，有的认为形式大于内容。有的认为形式美决定内容美，有的认为内容美决定形式美，这些都是执着边见造成的。形式与内容（即原料）的不相分离的特性不能得到上述的结论。亚里士多德的由形式上升导致神学的发展为后来基督教论证上帝的存在性等提供了理论基础，其实这些观念皆是从妄执中演化出来的。

（二）形式因、目的因和动力因是否可以相互分离的问题。亚里士多德也对此总结说，形式因、动力因和目的因是合而为一的。"四因"又可以归结为形式因与原料因这两个最基本的因素。而这种原因何以能够统一的问题，亚里士多德并没有专门讨论和深入研究。但看到一事物向另一事物变化的时候，意识到形式的转换，且要完成亚里士多德的最终向更高的形式上升（形而上的意味），则必有一种缺限或缺乏的形式，于是又得出了原料、形式与缺乏为"三本原"的思想。同时又要说明潜在与现实的关系，则用原料与形式来概括以上的"四因"。但无论如何这些说法都显得有些混乱。因为形式因的因中如何显现其动力或目的来？而自然界不仅经常表现为没有目的性，又常常是不完全、不完善和有缺陷的。亚里士多德的解释是，"自然的失败，归于物质的不完善：物质不再只是可能性，还是某种阻碍形式的东西，具有自己的力量。表述某一类型的个体的多元和差异，雌雄之间的差异，以及世界上所有的怪物和畸形都是由物质对形式的抗拒引起的。"[1]所有这些思想不能让人信服，这只是亚里士多德的个人臆想而已。

（三）亚里士多德也强调任何个别事物都是原料与形式的统一，同时认为形式与质料是相对的，对于低一级的事物是形式的东西，对于高一级的事物则是质料。例如，砖瓦是泥土的形式，同时是房屋的质料；房屋是砖瓦的形式，却又是街道的质料等等。以此类推，整个宇宙就形成了一个从质料到形式交替上升的统一序列。高一级事物不仅构成了低一级事物的形式，而且也是推动或吸引低一级事物向自己发展和上升的动力和目的。这个序列的最下端就是没有任何形式的'纯质料'。他相当于'非存在'；这个序列的最顶端则是不再构成任何事物原料的'纯形式'或'形式的形式'。这个'纯形式'是一切事物追求的终极目的，也是推动一切事物向其发展运动的"第一推动者"，它自身不动却推动万物，因而是'不动的推动者'，亚里士多德又把它称为'神'。因此，亚里士多德的'第一哲学'也被称为'神学'。"[2]不能分离的原料与形式，最终还是被亚里士多德硬性地分离开来。没有任何形式的"纯质料"到底是什么，我们无法认识也无法思考，亚里士多德只能说它是"非存在"，而巴门尼德斯说非存在就是不存在，就是"无"。存在不可能由非存在来产生。而亚氏的"非存在"又如何产生了质料，万物又如何发生、发展和运动？这不禁让人们想起黑格尔所说的"概念论"。即概念是存在和本质的真理，通过本质而返回到了存在。概念才是本质的存在，"真正的存在"。从存在到概念的进展，不过是存在本身的自我深入，它在概念中发现了自己的真正本质，即自由。也许黑格尔的"概念论"是亚里士多德的"纯形式"的最好解释，似乎又是亚氏讲法的一个变种，旧酒未倒，只是换了新瓶。若如此，从亚氏到黑氏长达 2000 多年，西方哲学并没有走出像样的一步。这种"纯形式"的表述，也只能停留在概念中。而亚里士多德担心老师的"理念"是无用呆板多余的东西，则这种"纯形式"不又是重蹈了"理念论"的覆辙了吗？其实，唯理论之所以有后来的独断专域，自然是亚里士多德的这种"纯形式"——"神学"的高级翻版而已。

柏拉图在《蒂迈欧篇》中已经把善作为目的因，把造物主作为动力因，把依托或基体作为原料因，把数学型相作为形式因。而亚里士多德自己形成的"四因"理论并没有超越柏拉图的"四因说"。至于后来的托马斯·阿奎那的上帝存在的证明，后期的唯理论和经验论的口角之争，康德不可知的"物自体"以及"黑格尔的概念即本质"的论断，都是这些思想的陈旧话题而已。

三、佛学中的"四缘论"

世界中的万事万物，其生、住、坏、灭，表现的现象极为复杂。佛学为真理性的学问，也必须对千变万化的现象做以正确性的解释，否则也不能称为真理之学。

佛学中认为事物的生灭变化是由于缘起缘灭导致的。缘聚则生，缘散则灭。而缘中具有"四缘",即亲因缘、次第缘、所缘缘、增上缘。龙树菩萨在《中观论·观因缘品第一》中说:"因缘次第缘,缘缘增上缘,四缘生万法,更无第五缘。"因缘也称为种子缘,也称近取因,是诸法生成的直接因。这里不妨看作是亚氏称作的原料因;但从佛学根本义上讲,也是识所变现,并无实质产生。次第缘也称等无间缘,即相续性,即前前之果相成为后后之因相,在时空中连续不断。由于众生执著故,不能了知事物变化之刹那性,本来无任何关系或矛盾之自相本体,因被意识分别念所掩,以时空衬托之,眼睛只见模糊粗大之相,内感意识亦粗,故认时空无间,而幻成形式。此可比作亚氏的形式因。但不能单纯地把形式抽象出来,它与质料是不能分离的,一但分离,事物则变坏不住。所缘缘,所缘外境,可作是目的因。而希望达到的结果增上缘,是完成事物生成的增上作用。比如豆种长成豆芽,豆种是种子因缘,由豆种和豆芽中间不能坏掉是次第缘,有水、空气、阳光、肥料、人工等是增上缘,忆念成为豆芽是所缘缘。又譬如甲乙两友初结识为因缘,其后友谊未尝被恶感冲破,是无间缘。有时甲忆念乙而未晤面,为所缘缘。甲出门访乙,中间无阻碍,乙亦在家接见,皆为增上缘。若甲乙友谊中断,变无忆念之事,是等无间、所缘缘二缘均缺失,则不能相见。然窄路相逢,彼此仍识面,则唯因、增二缘所演变而成。其他世间一切事相,皆可依此四缘而得合理解释。冯达庵大阿阇黎在《佛法要论·般若波罗蜜多心经广义》中解释因缘、等无间缘、所缘缘、增上缘之义是:"心中先植其因,待诸缘具集而转为现行,此属因缘。心中之因,等流相续，不被他法压伏，此属等无间缘。动机一起，牵引意力缘虑其境，此属所缘缘。辅助外迹，流现法相，不蒙障碍，此名增上缘。是为自动转变之通例。中有之得生，即循此道。若论被动转变，只须因缘、增上缘便得。"[3] 这是佛学中所谓万事万物发展变化之"因缘和合"论。

四、"四缘论"之更深义

佛法中讲"因缘和合"是从俗谛义上讲，即是人们与日常生活实践中所能理解之意义上进行真实讲论，于世俗理上为真实而有。但若进一步推究，则可从世俗谛理上升到胜义谛理，这是佛法特有的奥妙深义。但若不知胜义谛之真理，也的确不能真实了知世俗之真理。反之，若不真实了知世俗谛的真理观，则更难把握胜义谛的真理。因此，佛学常从世俗谛和胜义谛分别谈论诸法，也称为"二谛"说法，但实质是一体两面的，是不二之论。因此，了知四缘和合论，若不深入一层把握胜义谛理，则在佛学中仍属偏执之边见，仍然不能掌握宇宙真理。

亚里士多德所提出的"四因论"，主要是研究物理学中事物运动的表现的特征得出的结论。①事物为什么在运动中继续存在？因为它们由不变的质料构成。这一理由即质料因。②事物为什么会以某一种特定的方式运动？因为它各有特定的形式。这是形式因。③事物为什么会开始或停止运动？因为它受动力推动或作用。这是动力因的结论。④事物为什么要运动？因为它们都朝各自的目的，解释运动朝向目标的理由即目的因。这些研究方法及结论，尤其是问题的提出无一不符合世俗人的思想。现代科学的研究也是建立在这一基础之上的。但对于苏格拉底和柏拉图的哲学思想来说，则不仅是如此。因此，亚里士多德相当于用驴蹄踢了老师的屁股（柏拉图的比喻），因此更像是经验主义者。而苏格拉底和柏拉图明明告诉哲学研究者，世界的万事万物都是虚幻不实的，变化很快，不能由此得出真理。佛学对此更是一针见血地指出，一切现象都是虚幻的，没有不变的事物，事物中不可能有像亚氏所说的由不变的质料因构成事物虽在运动中却能继续存在的现象。这只是人的执著和迷惑造成的假像而已。类似亚里士多德及其他各种意见的说法更能符合下里巴人的迷惑心灵，而佛学中真理性的表达却是阳春白雪，没有相当智慧的人是既难明白，也难听懂。因此，佛学的"四缘说"与亚里士多德的"四因论"不能等量齐观，而是天地悬殊，根本不是一个境界上的谈论。

《中观论·观因缘品第一》又说："诸法不自生，亦不从他生，不共不无因，是故知无生。如诸法自性，不在于缘中，以无缘性故，他性亦复无。"这是因缘生法都无自性的真理表述。一切法不能自因而生，也不能他因而生，更不能无因和自然而生，而是因缘和合所生。这是世俗所见能生的原因。世俗所见的能生是因缘和合而成，因缘又刹那变化不停，故刹那性显现诸法刹那变化，自性自相刹那安住，没有所谓的共相关系。因此，世界没有任何一片树叶是相同的，也没有任何法相是同一的。法法迁流而体不同，法无实体也无实相，既无关系，也无矛盾。世间所说的共相、实物、关系、矛盾只是意识的分别念的迷惑作用而已。故所生之事物没有自我的自性存在，是无性缘生、缘生无性的。事实上，无性即是无生，有智者只要一明白缘合而生的现象，则就知道是生而无生的道理。其生是假相，真实是无性而无生。

万事万物都是色、受、想、行、识五蕴假合而现，是无明执著让我们把看到的假相误以为真。对于无智者不能明了当体即空的深妙之理，佛学也顺从俗谛而说有生，但若穷究根本和真实之相则是当体即空的如梦幻、阳焰、闪电一样的假生和虚生。万法如是，生死现象当然也如是。故《金刚经》中言："一切有为法，如梦幻泡影，如露亦如电，应作如是观。"如是观并不是仅仅建立一个观念，像黑格尔那样将概念看作为本质，而是如实现前而见，万法当体即空，这才是正观正见。一但此观此见如量现前（现量见故），则一切法相会平等显现（因体空无碍故），平等齐现之法相在大觉镜智之内明白照了，当然没有所谓的时间假相和空间假相，哪里还会有运动和静止的相对的虚妄，则亚里士多德的所谓质料因、形式因、动力因和目的因会一瞬间冰消瓦解。故佛学中说俗谛中之万有，即而胜义谛之无，即是此义。但"空无"并不是破物才空，析物才无，而是当体即空，并不破坏诸法。故空中万德具备，万相而现。此则为空中不空，空现妙有；妙有不有，其体常空之义。世俗真理因智慧而生，智慧即是契理之谈之用。只有智慧与真理并显，才能说是明了宇宙万有真相。否则，意识虚妄分别出来的结论只是戏论而已。

那么，我们平时看到的事物，比如桌子何以会一直延续在那里，且能看能用？那是因为我们眼睛只能看到桌子的粗相，其细相变化不能被眼识完全识别，而桌子又有等无间缘和增上缘、所缘缘的俱有缘的支持，其色蕴、受蕴、想蕴、行蕴、识蕴皆能受四缘作用而成立相续作用，故认为是桌子一直不变而存在。这显然执著造成的感觉。事实是，若不变化就不会有桌子产生，若不变也不会有桌子腐烂或毁坏，因此，桌子静止是我们智慧不足造成的迷惑假相生成的，其实桌子的刹那变化，相续相是因因果果，前因为种子，后而成果，果又为因，因又成果，变化不止，刹那相续生成而已，并无其质存在其中。

又因万相体虚故，一切法可平等齐现于大觉镜智之中（因心与境非一非异，互不相离故），常住境中只是现体，并无其质，故湛然寂静，不动不摇，无生无灭。绝无如亚里士多德所说的由低等级的形式向高等级的转化的方式，既无高低差别，也没有实际转化，其"非存在"的质料当然是虚幻概念，而"纯形式"之神也不攻自破。因此，亚氏的"四因说"只是遍计所执造成，而佛学的"四缘论"方为真理之根本呈现，其理论悬殊差别显而易见。

在《中观论·观因缘品第一》之逻辑推论中，有如下偈颂："果为从缘生？为从非缘生？是缘为有果，是缘为无果？因是法生果，是法名为缘，若果未生时，何不名非缘。果先于缘中，有无俱不可，先无为谁缘，先有何用缘。若果非有生，亦复非无生，亦非有无生，何得言有缘。"这段偈颂推论,似乎非常难以理解,其实质是说,世俗间谈论的有无变化及因果之论只是俗人的常见而已,是迷惑造成的定有定无的执著结果,而圣义谛中并无真实之义。缘起缘灭只是虚幻现象,但不能说为真实,亦不能定为断灭之见。故缘生无性,无性而能缘生。若诸法有真实自性(哲学所谓真实自体),则诸法反而不会生灭(自性若常则不变化),那么反而破坏缘生和世谛作用。

依照诸法缘生和合而有之现象,虽说虚妄不实,但秩序却如此严整,故其中必有真实缘起之道在。冯达庵大阿阇黎在《佛法要论·佛教真面目》中将真实缘起之道论述如下:

> 经五度缘起,遂由众生心开出虚妄世界。递以五相标之:
>
> (甲)无明业相。众生心,非凡夫能知,亦非三乘能了。法身菩萨始有所觉:初则泯绝一切尘相,而汇归六根;继则追溯六根来源,而发见阿赖耶识,即众生心之所寓地。此阿赖耶识,内与清净本体相应,外与六尘境界相熏。然末那识若不停滞其间,惟感一道净气流行,不致缘起世界假相。惟其停滞,幻成妄念,掩蔽清净本体,遂呈无明业相。此为末那第一步作用。
>
> (乙)能见相。无明业相,虽众生心动机所在,微细不可见也。依之活动,发为气分,则为色法质素,原属根性,亦不可识。末那复执持其间,幻成能见相。能见之者,

带迷"觉性"转而为细识也。此为末那第二步作用。

（丙）境界相。众生根性以同类气分互相融合，则钟成众力共举之境界。势力浓厚，支持良久，本亦无迹；以末那从中提掣，乃幻成境界相。虽为五尘所依，尚未落五尘粗迹。此为末那第三步作用。

（丁）智相。前相只摄浑略质素，欲观其详，须由末那采取局部材料，而以意识展开之，浑略质素遂得借空间形式显示排比有序之色相矣。以属现量，假知智相，此为末那第四步作用。

（戊）相续相。采取材料过多，非一见所能顿了，则轮流认识，而仗末那之不断注审焉。无量智相遂得借时间形成鱼贯出现，是名相续相。即末那第五步作用。

经以上五度作用，世界假象遂告成立。此与寻常唯心论不同。要在：众生心各以同类根性互融气分为物质本，众生加以认识乃幻作物质世界。[4]

以上所谈，为众生物质、精神两大世界之真实起源，也是诸多哲学家、科学家等百思不得其解的世界本原问题。但一般学者读上述文字仍是如坠云雾，不得其解。原因是意识分别，本智为无明业障所掩，本觉恒为八识把持所蔽，故不得因智见性所致。而所有众生，若不能通过真修实证，通透性体，欲明了世界真相，则无异于煮沙成饭，无有是处。故欲得世界大道之本，必得离识显智，明体达用方可。

注释：

[1] 弗兰克·梯利：《西方哲学史》，光明日报社论，2014年第1版，第96-97页。

[2] 邓晓芒、赵林：《西方哲学史》，高等教育出版社，2014年第2版，第60-61页。

[3] 冯达庵大阿阇黎：《佛法要论》，宗教文化出版社，2015年版，第599页。

[4] 冯达庵大阿阇黎：《佛法要论》，宗教文化出版社，2015年版，第104-105页。

第六章 中庸与中道
——中观论

哲学上有一个非常重要的概念——中道，像短暂的萤火般体现在亚里士多德的《尼各马可伦理学》中。"中庸与中道"对哲学的最高智慧来讲，是极为重要的范畴。可以毫不夸张地讲，清晰明了"中庸与中道"的概念及其所能表示的实相，就可以把握世出世间的一切真理。中庸与中道，不仅直接本体，还表现本体所显之相大和用大，体、相、用三大都能融合于"中道"之中。但西方哲学对此认识都比较肤浅。自亚里士多德以后，很少有哲学家注意到它，这不能不说是哲学上的一大遗憾。但要想真实彻底洞明领悟，必要配以不同于世俗间的般若智慧才能达到。因西方哲人的智慧不及，对此深刻的中道思想则无所认识，也算是再正常不过的了。

一、西方文化下的中道观

亚里士多德曾这样定义"美德"，他说："美德是一种倾向或习惯，包括深思熟虑的目的或选择，存在于和我们自己相关的中道之中，这一中道由理性决定，或者由审慎的人所确定。"[1] 这种对美德的定义虽然涉及到了中道理论，但对两者的概念都是相对模糊的，使美德和中道都滑入了相对主义状态。从某种程度上来说，这些定义又是错误的，为了明了中道所显实相，我们将在以后的解释中来予以澄清。

但不管怎样，亚里士多德还是注意到了这个范畴。这里取决于他对老师柏拉图的"理念论"的理解，即美的理念——美本身、真的理念——真本身和善的理念——善本身等本质性的理念本身的说法。当然也是对老师的老师苏格拉底关于最高的"善"的感悟："一个有美德的灵魂就是秩序良好的灵魂，在这个灵魂中存在善理性、情感和欲望的正确关系。理性完善的活动构成了理智的效能或'智力'的美德，即智慧或洞见的美德；灵魂中受情感推动的功能的完善活动被称为'伦理'美德，包括节制、勇敢和慷慨等。在所有的活动领域中都存在着'伦理'美德，他们对身体的嗜欲、恐惧、生气、愤怒和经济财物的欲望等采取一种理性的态度。问题随之产生：这一态度存在于何处？亚里士多德的回答是：存在于对两个极端之间的中道的追求中；美德就是一种适度，因为美德追求的是中道——过与不及之间的中道。例如，勇敢就是鲁莽和懦弱之间的中道；慷慨是奢侈和贪婪的中道；谦虚是羞耻和无耻的中道。亚里士多德并没有主张中道原则是普遍适用的；在对许多情形的讨论中，他经常认为这一原则不适用而予以摒弃——某些活动和情感，例如，怨情、无耻、妒忌、通奸、偷窃和谋杀本身就是恶的,而不是在过度和不及的情形中才是恶的。中道对于每一个体和情形来说并不是一样的;中道与'我们自己相关',并且'由理性确定,或者像一个公正的人将会决定那样'。"[2] 既然亚里士多德将"中道"学说视为伦理实践内容,其实践智慧又是一种理性的选择,且必然具有选择德性的标准,那么,这种伦理上的"中道"与数学层面的"中值"是相差很大的。数学上的中值是相对于事物的量而言的适中,由理论智慧所确定;而中道是相对于人的情感和行为而言的适中,是由实践智慧所规定。亚里士多德的这种区分也是康德纯粹理性和实践理性不同道路构成的在哲学上科学与信仰分界的前期萌芽。柏拉图在《政治家篇》中也作了如是区分,即数学评价和道德评价的二分性,字里行间地显示出中道哲学的意味。[3] 显然,相对于"中道"而言,"过分"和"不足"是德性善对立面的恶的两个极端,在这里,亚里士多德强调,过分是"主动的恶",不足是"被动的恶"。用图表述如下:

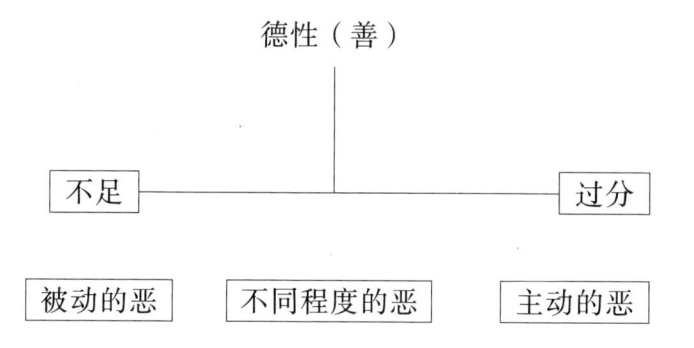

```
              德性(善)
                 │
     ┌───────────┼───────────┐
   │不足│                 │过分│
     └───────────────────────┘

  │被动的恶│   │不同程度的恶│   │主动的恶│
```

如果按此图表示的说法,德性是相对于两个邪恶的极端而言的中道,但相对于不同程度的恶而言,德性本身也成了一个极端,那样就歪曲了德性善的根本意义。因此，亚里士多德的相对的中道状态可能与柏拉图所说的理念论中的善本身是有区别的，它并不是程度上的适中，却是与一切邪恶相分离的善。这种解释即让亚里士多德的对中道的考察进入了尴尬境地，也让他对柏拉图的理念相分离后产生的二元对立及理念不能解释所有现象而产生困惑。那么"中道"的尽善尽美状态是否存在？其标准到底如何掌握？实践领域又如何践行中道？这些问题的解决迫使我们将视野转向中国文化的领域来寻求答案。

二、儒家的中道观

众所周知，儒家之《大学》《中庸》《论语》《孟子》《周易》《书经》《诗经》《礼记》《春秋》通称"四书五经"。常说《中庸》为孔子之孙子思所作，后传于孟子。宋朝时由二程（程颢、程颐）从《礼记》中单独辑录而出，与《论语》《孟子》《大学》并称为"四书"。后成为科举考试中必读必考之书，故影响甚大。

所谓《中庸》之"中"与"庸"之解，依朱熹《中庸集注》："中者，不偏不倚，无过不及之名；庸者，平常也。"[4]程子曰："不偏之谓中，不易之谓庸。中者，天下之正道；庸者，天下之定理。"朱子谓此篇（指《中庸》）[5]"乃孔门传授之心法，子思恐其久而差也，故笔之于书，以授孟子。其书始言一理，中散为万事。末复合为一理，放之则弥

第六章　中庸与中道——中观论

六合，卷之则退藏于密，其味无穷，皆实学也。善读者玩索而有得焉，则终身用之，有不能尽者矣。"[6]

《中庸》开章便说："天命之谓性，率性之谓道，修道之谓教。"似乎与中庸之道不相干，但朱子解释曰："命，犹令也。性，即理也。天以阴阳五行，化生万物，气各得其所赋之理，以为健顺五常之德，所谓性也。而理亦赋焉，犹命令也。人物各循其性之自然，则其日用事物之间，莫不各有当行之路，是则所谓道也。修，品节之也。性道虽同，而气禀或异，故不能无过不及之差。圣人因人物之所当行者而品节之，以为法于天下，则谓之教，若礼乐刑政之属是也。盖人之所以为人，道之所以为道，圣人之所以为教，厚其所自，无一不本于天而备于我。学者知之，则其于学，知所用力而自不能已矣。故子思于此首发明之，读者所宜深体而默识也。"[7] 故应体察中庸之道乃天下大本大道，不变之常则，高明而至极。并举圣人舜为例，以"执两用中"处理天下事，无不得中得和。"舜其大智也与？舜好问而好察迩言，隐恶而扬善，执其两端，用其中于民，其斯以为舜乎！"[8] 故"君子依乎中庸，遁世不见知而不悔，唯圣能之。"[9] 中庸之成德，知之尽，仁之至，不赖勇而裕如，即使世人不知而不悔，唯圣贤者能为之。又圣人能至诚于天下，顺天之诚，而福泽万民。故"诚者，天之道也；诚之者，人之道也。诚者不勉而中，不思而得，从容中道，圣人也。"[10] "自诚明，谓之性；自明诚，谓之教。诚则明矣，明则诚矣。唯天下至诚，为能尽其性；为能尽其性，则能尽人之性；能尽人之性，则能尽物之性，能尽物之性，则可以赞天地之化育；可以赞天地之化育，则可以与天地参矣。"[11] 此由诚而明，由明而诚，一而二，二而一之诚明之道来体会契会中庸之道，推之至极，可赞天地之化育，可尽天地之性，或成圣贤之德。巨细精粗无所不察，此谓之明智；厚德载物无不功成，此谓之大道。"故至诚无息，不息则久，久则征，征则悠远，悠远则博厚，博厚则高明。博厚，所以载物也；高明，所以覆物也；悠久，所以成物也。如此者，不见而章，不动而变，无为而成。"[12] 总而言之，一句话："君子尊德性而道问学，致广大而尽精微，极高明而道中庸。"[13] 这就是儒家所讲之中庸之道。其理之深，其道之大，其智之明，远非亚里士多德伦理学中所讲的中道能相提并论。

儒家之中庸，尽性尽智，正如子贡评老师孔子讲"性与天道，不可得而闻焉。"[14] 深不可测，常人既难明了，亦难学习，故有孔子之叹："中庸其至矣乎，民鲜能久矣。"[15] 又曰："道之不行也，我知之矣，智者过之，愚者不及；道之不明也，我知之矣，贤者过之，不肖者不及也。"[16] 故"天下国家可均也，爵禄可辞也，白刃可蹈也，中庸不可能也。"[17] 治平于天下国家，辞掉爵禄，甚至白刃可蹈而过，三事虽难，但都能做到。相比于中庸之道，虽难而易，故中庸是难上之难也。难怪是"君子中庸，小人反中庸。""君子之中庸也，君子而时中，小人反之中庸也，小人而无忌惮也。"何以能够将中庸之道，扩充天下，人人能深其学，充其智，益其心，尽其性，厚其德，成其事，利其民也？则不得不再进大乘佛学之中道之论也。

三、佛学的中道观

　　佛学中的"中道"亦叫"中观"，若大而言之，其中道正见充满三藏十二部，佛教各宗各派，皆以中道之学为基础。世尊弘法四十九年，有三分之二时间和内容皆讲般若，其般若之慧就是中观正见。洋洋洒洒一部《大般若经》，经龙树菩萨注释为《大智度论》，达一百卷之多，所讲所论皆从不离中观正见和中道实相。而《大般若经》之精髓本为《金刚经》，《金刚经》之精髓为《心经》。整部《大般若经》最后为《心经》二百多字将其奥义阐发完毕，此为佛学智慧之不可思议之处。而为大众所熟知的六祖《坛经》，可以说是《金刚经》《心经》最好的注释本。故中观论是大乘佛学的基础，也是探研真理的根本。

　　六祖慧能大师当年在五祖弘忍大师门下学习，因密约三更入祖室，听五祖讲授《金刚经》，在五祖说到："应无所住而生其心"[18]时，六祖言下大悟，一连说五个何期自性："何期自性本自清净；何期自性本不生灭；何期自性本自具足；何期自性本无动摇；何期自性能生万法。"[19]这是六祖识自本心，见自本性的真实写照，世称禅宗的"正法眼藏。"而此五句中，已包含中观法门的"八不"要义，即①不生不灭；②不断不常；③不一不异；④不来不去。对于六祖"自性五句"与"中道实相"之契合，在后文细讲，今先需介绍中观学派的"八不"之义,以期明了佛学的中道观。

佛灭后六百年,西印度有龙树菩萨出,传承一乘法印,为禅宗十四祖。游化南印,见教徒只重修福;示以一乘佛性,除提婆一人外无领会者;乃施设中观教法,以畅马鸣"体大"之旨。以万法只从缘生,绝无实质,立"八不"之义,以显所依之实性。[20] 所谓:1. 不生不灭者,如明镜照像——随缘示幻,绝无实质;2. 不断不常者,如大河长流——刻刻变易,未尝中断;3. 不一不异者;如随方摄影——面面异相,原是一人;4. 不来不去者,如影戏行人——本无动作,观者自迷。

所谓"中道",即不偏不倚之真如实性。性本无相,就观法言之,不妨目为实相也。此中道实相,乃举体、相、用三大融归一心,灵活而静止者也。是为中观法门之正宗。观法乃将"八不"分作四句:

(1) 不一不异　如随方摄影——体的观法

(2) 不生不灭　如镜中照像——┐
(3) 不来不去　如影戏行人——┘相的观法

(4) 不断不常　如大河长流——用的观法

第一句观法:假如心中有一真如总体遍舒十方,觉性与之相函而遍照之,本如如无别;而觉性对于无量部分各加详明时,则各为据点,各呈互异之特性。同时若不兼顾全体；则由一法界化为多法界；若随分随合，则诸异性皆消归总体；即由多法界回复一法界，如人立在一处，面面分摄其影，异相虽多，只是一人。其能不滞于多，复能不拘于一，则契合"不一不异"之中道。此从静处观察心之体大。

第二句观法：自心所具特性，其理致极端微细，一觉不足以明其详；于是加强其境而认识之，逐步志以符号。吾人所感之尘相，乃符号之至粗者也。本无其质，假标为相。其现也，无物出生；其隐也，无物被灭。只如镜中之像，现隐无常，绝无实质出入其间。学者确能领会诸相如虚影，则契合"不生不灭"之中道。此籍空间格式观察心之相大。

第三句观法：一相之中原有种种态势，一时不能顿详诸态，则须挨次认识之。如观人之身相，逐次所观，各有一部递变之状。随其变异轨迹而执著之，恍若其人有动作来去之事，罕有能知其绝对虚妄者。试取影戏一段画片观之，百数十幅之片同绘一人之影，其足部姿态递异，本来各不相涉，而流现银幕之上，若见是人来往其间。于此能悟其非，则契合"不来不去"之中道。此籍时间格式观察心之相大。

第四句观法：觉性内照，不论总别，皆一时顿了；转为识性而细详之，乃落次第。所觉诸法，本互浑融，因机境不同，表现于尘相或先或后，各随其缘之牵引力如何。

牵引未尝或止，故表现永无中断；刻刻缘变不同，故表现绝非恒常。大河长流，堪以作喻。人见物相有静止者，非真静止，乃变换之率较缓耳。洞达此理，则契合"不断不常"之中道。此从动处观察心之用大。

中观法门即包举体、相、用三大观法，故不偏于有，亦不偏于空（体、相兼故）；不偏于动，亦不偏于静（体、用兼故）。得旨深者，定能的的见性，与《起信论》貌异神同。[21]

中国佛教十学派中，三论宗独宏中观法门，以龙树菩萨所造《中论》为基，辅以《十二门论》和《百论》之作，故称三论宗。此宗于隋末唐初盛极一时，初由鸠摩罗什传关中四杰，道生一脉独能延续。四传至法朗，开为二派：南派吉藏，专弘三论。吉藏则引罗什大师言："一代佛教，皆以毕竟空为极则，凡与毕竟空相应，不论何等教相，均称最上。"是有得于一乘妙旨之言也。

中观"四句八不"要义与六祖慧能的"自性五句"相辅相契。如"何期自性本不生灭"是"不生不灭"句；"何期自性本无动摇"是"不来不去"句；"何期自性本自清净，何期自性本自具足"是"不一不异"句；"何期自性能生万法"是"不断不常"句。若能悟得这些句义所显实相，则能知中观、中道、中庸之根本意义。

不论是中观法门，还是禅宗"见自本心、识自本性"，必要通过真修实证方能了知，不是意识形态所能事。故对此理解也会困难重重。此地不妨再举天台宗的"三谛圆融"妙旨辅翼之，以期学者能深入万法理事无碍之深义，既而解决哲学中的所有问题。

北齐沙门慧文大师读《大智度论》二十七"一心顿证三智"之义，从而致力心观；更读《中论》"观四谛品"之偈曰："因缘所生法，我说即是空，亦名为假名，亦是中道义"有契，遂以一切智配空观，道种智配假观，一切种智配中观，建立"一心三观"法门。"三谛三观"者，空谛而真观，假谛而俗观，中道谛而非真非俗观也。俗谛者，世间法也，当体而假；真谛者，如实空也，空而兼中。列表如下：

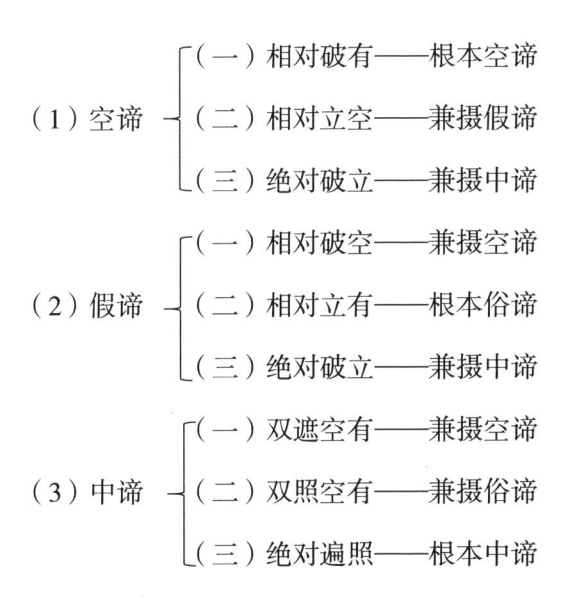

（1）空谛
- （一）相对破有——根本空谛
- （二）相对立空——兼摄假谛
- （三）绝对破立——兼摄中谛

（2）假谛
- （一）相对破空——兼摄空谛
- （二）相对立有——根本俗谛
- （三）绝对破立——兼摄中谛

（3）中谛
- （一）双遮空有——兼摄空谛
- （二）双照空有——兼摄俗谛
- （三）绝对遍照——根本中谛

空谛破实有而成假谛，假谛破相对空而成中谛，空有双破非空非有而显中道中谛，中谛兼摄空有即双照空有，此为"真空妙有，妙有真空"之中观妙义；知此，则会明了《心经》所言"色不异空，空不异色，色即是空，空即是色"的大般若慧观——中观境界。因此，中观学说于佛学而言，是根本立足之学，无此，佛学精神全失，真面目不存。故般若经又称为"佛母经"，一切诸佛皆从此经而出成就。

虽然千经万论，千言万语，指示只是人心自性，但若不能实地修证，终是模糊不解。尤其是佛法之"空"义，学者多从意识形态揣摩度量，分别计较，总不是"空"义真旨，甚而因思量故，成"断灭空"或"恶取空"，不仅谤佛谤法，造无边罪业；还自毁前程，误人子弟。故冯达庵大阿阇黎于《般若波罗蜜多心经广义》中将空之诸义叙述如下：

（一）**凡夫之空**。即是顽空，乃是呆滞无用之空。此复有二：

（1）对于色法不能感觉。此由五根粗劣，对于色法无从起识，遂认为空（散心凡夫皆具此见）。

（2）对于色法不愿感觉。此虽五根非劣，对于一切色法不愿接受，遮遣成空（无色界众生皆具此见）。

（二）**三乘之空**。非究竟空，乃因果不昧之空。此复有二：

（1）偏空。二乘之见也。认生灭法为有，涅槃法为空。为避生死而入涅槃，是谓避色入空。

（2）生空。大乘之见也。知一切法相只如虚影，毫无实质，无所谓生，譬如镜中假相。

二乘之有余涅槃，虽能空诸所见，而不能避免色法因果律。大乘之证生空真如，能知诸法无非虚影；而虚影之由来，亦有一定因果律。故三乘教当修行时，对于因果律，皆须绝对遵守，不敢违犯。

（三）魔道之空。 名恶取空，乃拔无因果之空。此亦有二：

（1）误解偏空。认为一入空观，一切法相，皆化为乌有，佛固无，因果更无；佛像固可弃，戒律更可毁。不知自己虽入偏空，而"有法"之演变，丝毫不乱。

（2）误解生空。以为入此空观，虽有法相出现，只是虚影。佛土何足贵？地狱何足惧？平日修善固无谓，作恶亦何妨？不知虚影中因果律，丝毫不乱。

以上两种魔道，平日目空一切，及堕地狱，受苦无间，或有悔生前见解之荒谬者。至于生前殊无空见能力，但遮拾唾余，擅毁因果；一遇事急，辄起恐怖。此魔卒耳。

（四）一乘之空。 即究竟空（亦名大空、真空、第一义空等），乃性相不二之空。此复有二：

（1）洞明本体。即彻悟法空真如。三乘行人会得生空者，虽知诸法只有虚相，本来无生，如镜中影；然未深明虚相所从出之本体，每误认异熟识为起源。及彻悟法空，始知一切法相皆归于真如本性，当体即空，而不碍诸识之所缘相。此为性相不二之究竟空。明此即知空色相即之妙旨（此中又有别、圆之分。圆教能全显平等性智，万法同时顿呈。别教不能，须次第观）。

（2）兼达妙用。洞明本体者，虽达即色即空，即空即色之妙旨，而对于空中之色，不能任意起灭。以未达法界妙用也。欲体用兼赅，不可不深究六大法性（即地、水、火、风、空、识）之作用。步步能契五大妙用，而不废识大之缘相，是不唯明究竟空之本体；且能依本性起用矣（前项为法空之空，此项为不空之空）。[22]

上述"空"之种种表现，于一般学者而言，只是领悟凡夫之空，即呆滞无用之空，也是对万事万物之相对空，根本不是佛法中的大空、真空、第一义空所显之义。而学人常常以此凡夫之空来度量佛法大旨，又确不得其真义，反而横加批判，堕无知之见，殊为悲悯可怜者也。若不能明白晓了一乘究竟之空，对于佛学大乘中观之道，终属门外汉，始终不能登堂入室而观其奥。

由以上"中道"含义之释，虚心之学者，必能知道中西方文化差异之大。而明道解惑之选择，也有可靠之方向。故生为华夏之学者，幸甚不已！

注释：

[1] 亚里士多德：《尼各马可伦理学》第二篇.第六章。

[2] 弗兰克·梯利著，贾辰阳、解本远译:《西方哲学史》,光明日报出版社。2014年第1版，

[3] 弗兰克·梯利著，贾辰阳、解本远译：《西方哲学史》，光明日报出版社，2014年第1版，第102页。

[4]、[5]、[6]、[7]、[8]、[9]、[10]、[11]、[12]、[13]、[14]、[15]、[16]、[17]、[18]、[19] 均参见朱熹著：《中庸集注》，上海古籍出版社，1982年版。

[20] 冯达庵大阿阇黎：《佛法要论》，宗教文化出版社，2015年版，第107页。

[21] 冯达庵大阿阇黎：《佛法要论》，宗教文化出版社，2015年版，第35-36页。

[22] 冯达庵大阿阇黎：《佛法要论》，宗教文化出版社，2015年版，第547-549页。

第七章　信仰与理性
——智信论

　　信仰与理性，是一个古老和沉重的话题，若彻及人的身心精神方面，这个话题如同文学描写爱情一样，又是永不过时的话题。

　　可以毫不夸张地讲，信仰与理性是整个西方哲学近2000多年以来所反映的"四字"哲学史。理解了信仰与理性在整个西方哲学中"核心式"的变迁与演化，则全部西方哲学史也就了然于胸。因为信仰和理性是西方哲学家们探讨、思辨及其追求的"双峰"。一切哲学问题，可由此展开；一切矛盾、危机和冲突可由此流露；一切追求与探索，可由此收摄。研究西方哲学，若没有理解甚至洞明信仰与理性四字，则终属门外汉尔。

　　综观中国哲学界5000年的文化文明，尤其是自先秦诸子始至今也亦2000多年的哲学演变，实际上也是信仰与理性四字的哲学展开史。这一历史的事实正是应验《孟子·告子》上的"人之同心也。"南宋心学大家陆九渊所谓："人同此心，心同此理。往古来今，概莫能外。"赵敦华先生后期的"大哲学"之说，对此探讨颇多。尤其是他载于《哲学研究》（1944年第11期）的《超越后现代性：

神圣文化和世俗文化相结合的一种可能性》一文，今日看来仍不失有很大的启示意义。而文章中总结的西方传统文化的特质及后现代文化的现象，无不让哲学研究爱好者们眼观现实、心灵沉思。现我们不妨重温此文，并提出既同又异的哲学思考，分"回顾说"、"差异说"和"接着说"来粗略解读一下。

一、回顾说

"西方文化传统并不是一个单一的传统，而是不同民族和时代传统的集合。比如，它包括拉丁民族、盎格鲁—萨克逊民族和北欧日耳曼民族的传统，也包括希腊文化、中世纪基督教、启蒙主义和浪漫主义这些划时代的传统。"[1]这一总结当然是世所公认的。由此事实而带来的基本现象是："前现代性是神圣文化，现代性是世俗文化，后现代性是世俗文化的极端化。"[2]对此作者认为并期待的一种文化："超越后现代性"。此超越是指："神圣文化和世俗文化相结合"[3]的意义上的文化。

（一）前现代性的神圣文化

谈到前现代性时期，指的是"古代和中世纪文化特性，而这个时期的传统可以形象看作是三个民族精神的整合，即希腊哲学的理性精神，希伯来的宗教精神和罗马的法治精神，这三者不能全部被归结为宗教，但却归属于神圣文化"。[4]

众所周知，希腊哲学的主流是理性主义，但作者指出此期哲学研究的最高对象和原则则是"神"。但不是与人同形同性的神，而是"理神"，神是理性的化身。如柏拉图所说的"神"是最高理念的"善"。"亚里士多德把第一哲学称作神学。他关于神的概念有三层含义：第一推动者，纯形式，思想的思想。三者都没有宗教意义。希腊哲学家把价值和真值判断的最高原则以及真善美的统一都归结为神。对神加以理性思辨和理论阐释，构成了神圣文化的哲学基础。"[5] "希伯来宗教精神的明显特征是宗教伦理化。摩西与耶和华以十诫为誓约而创立犹太教。十诫不仅是宗教的戒律，像'孝敬父母'，'不可杀人'，'不可奸淫'，'不可偷盗'等都是道德的绝对命令。耶和华是绝对命令的颁布者，他的至高无上和全能是道德律绝对权威的保障。从犹太教脱胎而出的基督教的创立者耶稣也是绝对命令的颁布者。"[6]

赵敦华先生敏锐地捕捉到："若无神圣的名义，基督教之爱是不能推行的。"[7] 因为耶稣提倡：一是热爱上帝；二是爱人如己。其爱义是无差别、无条件的。不但爱自己的邻居，而且要爱罪人、仇人与己相同。这也只有依靠宗教信仰，甚至是罪罚与救赎的力量才能推广贯彻下去。

"罗马法的理论基础是'自然律'的观念。自然律是不成文的道德律，以自然方式铭刻在每个人的心灵上面。斯多亚派首先使用这一概念，基督教后来对它进行了法理上的论证。他们都赋予自然法以神圣的意义。斯多亚派认为按自然生活就是按理性生活，理性是弥漫世界的神圣力量和规则。基督教神学家们则说，神圣的光照在人的心灵上压下的烙印即自然律。人们遵守、服从自然律的天性因而成为神圣的义务，然后才有成文法以及社会义务。"[8]

以上经过梗概式的总结，作者得到此一时期的结论说："希腊哲学、希伯来宗教精神和罗马法的基础，从不同方面展现出神圣价值观，它们的共通之处汇合到基督教之中。中世纪基督教文化是神圣文化的典型。"[9]至于这一说法是否合理，即使大同是否还有差别的意义，下文中我们将予以粗略式探讨。

（二）现代时期的世俗文化

西方的现代启蒙运动是始于18世纪，但在15至16世纪已有了启蒙运动的苗头，正由宗教神学向理性主义时期过渡与转变。至17世纪，英国科学和哲学的发展其现代性有了较为明显的表征。

启蒙运动的纲领是理性主义和人道主义。笛卡尔成为现代哲学之父，他的哲学的第一原则是："我思故我在"。把我的"存在"和"本质"归结为"我思"。正如赵敦华先生所说的，这种原则与以往《圣经》宣扬的上帝是唯一的神圣主体，其主体无所不包、无所不在、无所不能，形成两个不同方向的反差。此与中世纪"我是我所是"的形而上学的基本信条是根本对立的。即笛卡尔讲的"我思故我是"，有认识论意义上的"自我"代替了神圣主体，从而产生价值体系上的变化。人道主义用"人"代替"神"作为最高价值，开启了由人的理性战胜非理性、无理性和反理性的先河。

既然是启蒙运动，那一定是指过去时代是蒙昧无知的。但在中世纪经院哲学中,为了辩护上帝的存在性,也充满非常艰深晦涩的理性思辨,将哲学的理性思辨方法变成维护《圣经》教条的思维工具,形成了哲学是神学的"婢女说"和哲学是"人与魔鬼的学说"。启蒙主义运动者自觉地将对神圣主义的思辨排除在理性范围之外,共同建立了理性法庭,来谋求人类认识自然,控制自然,"达到人生的福利和效用"。因此作者用一句话概括说:"启蒙运动的现代主义就是工具理性战胜思辨理性的世俗文化思潮。"[10] "启蒙运动对宗教进行了深刻地揭露和批判,否定了神圣文化的价值体系,世俗的、工具理性的价值评判解放了个性,也解放了个人生机勃勃的创造力,归根结底解放了社会生产力,自然科学和物质文明获得空前发展。启蒙运动是一场思想革命。它所引起的社会革命,对于人类文明的积极意义在于推翻了过时的、落后的神圣文化传统,创立了适合工业化生产力和现代世俗社会的现代主义传统。"[11]

　　历史的经验一再表明:1. 世俗间圆满的东西是不存在的。现代主义从创立到成熟,经过了两个多世纪,其发展过程也逐渐暴露了一些弊端。比如理性的无限膨胀不仅盘剥了自然,也大幅破坏了环境;2. 人的精神价值被忽略。精神空虚,人欲横流,道德低落;3. 绝对的是非标准被粉碎,精神追求被截断。商品经济成为现代生活的指挥棒,整个社会都崇拜金钱万能和物质享受;社会及家庭教育出现危机;青年一代只重知识不重德性,与人们交往只讲利害不讲原则,只讲竞争不讲和睦,导致对现代主义理想图景的破灭和现实状况的不满,这必然会催生另一种文化思潮,即超越现代的后现代主义。

(三) 后现代主义的文化哲学极端化

以尼采为代表的一类哲学家以彻底排拒的方式反对神圣文化和世俗文化的价值观取向。在宣布了"上帝死了"以后继而宣布"人"的死亡。后继者更是排拒一切价值观，以无中心、无差别、无本质的游戏方式对待原有的规范道德；用否定、批判、破坏的手法冲击神圣文化和现代价值体系，呈现了现代主义的极端化，从而希望回归到流动的、混沌的、无约束的状态。

在邓晓芒、赵林所著的《西方哲学史》中写道："至于宇宙论证明，它是建立因果联系的基础之上。然而休谟看来，因果联系只是习惯联想的产生，它本身就缺乏客观性和必然性的依据，因此关系不能必然推出一个世界的终极原因。更何况'存在'只是一个经验的事实，而非一个逻辑的结论。上帝是否存在，这只是一个经验的问题，只有通过经验才能对其进行验证，而不能从逻辑中必然地分析出来。休谟对目的论证明和宇宙论证明的上述驳斥深深地影响了康德，启发了康德以更为严密和系统的方式对先验的宇宙论和理性科学展开批判，最终砍下了自然神论和理性神学的头颅。"[12]

赵敦华先生在文章中将后现代主义说成是现代主义的极端化，其理由表现为如下三点：

第一，后现代主义继承了现代主义反传统的激进批判精神，像启蒙学者反对神圣文化传统那样反对一切文化传统。其案例莫过于德里达号召要"绝对的推翻一切辩证法，一切神学，一切目的说和本质论"。[13]

第二，后现代主义并不像它所想象的那样割裂了与传统的联系。它与一些现代主义思潮有着明显的承袭关系。比如，后现代主义的艺术与超现实主义、先锋主义、未来主义等有着密切的联系。后现代主义的诸多观点与社会批判理论、平民主义、浪漫主义也有着亲缘关系。

第三，后现代主义可以看作现代主义发展的必然结果。

现代主义不同于神圣主义的价值观，有其自己定义的价值标准，但作为世俗的价值标准不可能是绝对的，普遍的，而是有不同意义，自身中包含着机会冲突和自我怀疑的因素。但在发展过程中又不可避免地将自身的价值标准绝对化、普遍化。这就引起后现代主义的反感。反感的情愫升华到一定阶段，激进的批判乃至否定和破坏行为则应运而生。从这个意义上说，后现代主义是现代主义的极端化是合理的。

以上表述皆是回顾《超越后现代性：神圣文化和世俗文化相结合的一种可能性》一文中作者提出的主张和观点，对于长期研究西方哲学的学者来说，这些文化现象的历史性陈述基本上是共识的，但对于文化现象的内部原因的分析则会有差异性的看法。

二、差异说

把希腊哲学、希伯来宗教精神及罗马法的法治精神混合在一起说成是神圣文化的基础，若以狭隘的基督教徒观念来看，他们是会大为反对的。就像早期教父德尔图良（Tertullian），把哲学斥为"人和魔鬼"的学说。以其所代表的忠实崇信的一类信徒，因其排斥"异端"学说的孤立性，并不妨碍作者倡议三个民族精神的整合说。若其"神圣文化"的神圣性是如此宽泛，则其哲学精神直可推到古希腊时期的泰勒斯、赫拉克利特、巴门尼德斯及毕达哥拉斯等绝大多数所谓的自然哲学家那里，他们提出的"始基"说虽指向"土"、"水"、"气"、"火"等等，但这些指向并不是人们常常看到的实质的土、水、气、火之实际物质。犹如中国古代中医学中的"金""木""水""火""土"五行说，更多的蕴意是以符号代表其性质，这些符号性质背后都有着神圣文化的意味。我们在这些自然哲学家中都可以找到类似的痕迹。因此苏格拉底、柏拉图、亚理士多德形成的哲学精神，融入了许多前辈们的智慧元素，这是神圣文化向上溯源而能发现的真实。

若从中世纪向下探索，则即使是作者强调的现代性世俗文化，其主流仍是对基督教中上帝信仰的种种论证和申说，其中包括笛卡尔、莱布尼茨、贝克莱、康德、谢林至黑格尔等等。纵然含有许多启蒙主义的现代光芒，但也只是对中世纪上至教皇、下至神甫不择手段聚敛财富，腐化堕落的生活，甚至将宗教命令变成了杀人的残忍工具而进行的理性批判，无非是从其他角度再次建立信仰高度，纯洁教义而已。

不管科学技术发展到什么程度，也不论其他的艺术形式发展到什么阶段，人们的信仰要求是不能中断的，这不仅仅是形而上学研究的任务，而也是绝大多数人内在的精神需求。譬如康德被休谟的怀疑论及卢梭的哲学口号惊醒后，直接由天文物理学研究转向对绝对自由、灵魂不死及上帝存在这三大命题的深入探讨，本身就代表了许多人的心声。而哲学体系的成不成功，那是另外一件事情。

假如神圣文化这个假设能够成立，则从时间跨度上，可以讲是西方自有了哲学以来，一直到后现代时期以前，所有由信仰及理性交织形成的文化体系。后现代主义恰恰就是对此以前的价值体系所进行的怀疑、批判、否定和破坏。"绝对推翻一切辩证法、一切神学、一切目的论和本体论"的口号，也是建立在这样的人文基础上才喊出来的。

事物的发展就是如此辩证和矛盾，不破不立。小破小立，大破大立。后现代哲学家的大破精神来源于以前的那些文化病状，在这一点上也不能将后现代主义思潮归结为是完全开错了药方。虽然传统的信仰及理性都面临着危机，至今没有人为此找到更好的哲学出路，但不能因为这样的结果就指责或完全否定他们。也许大破的精神是必要的，其实在这样的危机重重的哲学背后，更可能会牵引出理性与信仰能完全一致，而没有任何矛盾和疑惑的真理性哲学来。倘若如此，这未尝不是一件值得庆幸的事。

再换一个角度，有必要对基督教及基督教哲学的神圣性作一次认真的考察。作者于文中提到："宗教虽然是神圣文化的起点和基础，但并不是神圣文化的全部。"[14]这句话是否包含以下三层意思：一是宗教必然是神圣文化；二是宗教既然是神圣文化，其起点和基础是由其本身所决定，宗教为神圣文化内核之当然；三是除宗教外，还有其他的神圣成分，即作者所讲的希腊哲学的理性精神及罗马的法治精神。除此第三条外，我们尤其愿意对第一条和第二条的宗教的神圣性做一些不同角度的分析，看看可否得到其基督教非但不是什么神圣的，反而应是世俗性的说明。

展开基督教神学和哲学的历史，你会发现是一部充满着关于信仰与理性关系问题的争论的历史，里面充满着矛盾、疑惑、斗争和调和的说辞。

基督教宣扬的是"原罪说"。保罗的解释是：上帝创造人时，人本来是善良的。但亚当的罪过从根本上毁灭了人，以至于从此以后人再也没有能力摆脱罪孽了。仅此一事，理性就会追问，既然上帝造人是本着自己的形像造的，而上帝又是全能全知全善的，那所造的人也一定是善良的，如保罗开始理解的那样，人一开始不可能是"原罪型"的，罪恶只可能是后天形成的，故人性本善。那么，亚当的恶是从何而来？难道也是上帝所造？否则恶的源头在哪里？如果说是魔鬼撒旦的诱惑，那么这个魔鬼又是谁造的？依照《圣经》，这个世界的一切不都是上帝所造吗？如果有些东西不是上帝所造，那么即使存在这个上帝，上帝也就不可能是全能的了。依照原罪说，人的罪孽是一场无法摆脱的厄运，而人在根本上就不可能不干坏事，这就无法对自己的行为负责，也无法掌握自己的命运，这种原罪说与自由的理性，一开始就陷入了矛盾的对立之中。

后来奥古斯丁接过保罗原罪说的棒子，虽然曾一度怀疑在上帝无与伦比的权力中，人的自由无法存在这一巨大的矛盾，但他终究跨越不过上帝绝对的权力界限，俯首承认是"上帝安排着，上帝决定着，而上帝的安排又是神秘的，上帝的决定无法探究。"[15]他反对赋予人的自由，认为这样就会给予人太多的荣誉，而损害了上帝的尊严。奥古斯丁最后结论是："应该屈服于神圣的秘密。"[16]无论是保罗还是奥古斯丁，从一开始就将人的自由理性驱逐在外，只凭着上帝的意志："上帝拯救他想拯救的人，上帝惩罚他想惩罚的人。"[17]这些不能自圆其说的解释其实已经埋下了后现代主义怀疑、批判和破坏的种子。

尤为典型的是神学家德尔图良绝对将信仰与理性对立起来，他大声疾呼："我们在有了耶稣基督之后不再需要奇异的争辩，在欣赏了福音书之后不再需要探索。"[18]并说"上帝之子死了，这是完全可信的，因为这是荒谬的。他被埋葬又复活了，这是确定的事实，因为这是不可能的。"[19]"荒谬"和"不可能"是理性对信仰的否定判断。但正基于这种荒谬和不可能性，他提出："基督教关于耶稣死而复生的教义并不因此而丧失真理性。理性的排斥反倒显出信仰的确定。因为信仰与理性是正相反对的。"[20]

19世纪基督教思想家克尔凯郭尔同样出于对理性主义的不满和

反抗，提出"荒谬是衡量信仰的尺度"[21]的思想。并且指出："信仰本身充满着矛盾。比如，上帝既是神又是人，个人的存在既是有限的，又趋向于无限的上帝。理性不能解释这些矛盾。因此，荒谬感始终伴随着信仰。荒谬感并不削弱、损害信仰，因为信仰是个人面对上帝做出的选择，荒谬感越是强烈，而越能按照上帝的命令做出抉择，恰恰表明了信仰的坚定与强烈。在此意义上，荒谬感是信仰强度的标准。被荒谬所衡量的信仰包含着最确定的真理。"[22]我们说，这些思想家们的确荒谬。强行为上帝存在而进行荒谬的辩护，其实也是一种病态的思辨，似乎在用一种强制的理性来掘斥合理的理性，显示着诡辩的逻辑。如果这些诡辩都能够成立，那么世界上发生任何罪恶行为都可算是为了维护信仰的真理性。若依此逻辑，后现代主义的解构、游戏及破坏也应是上帝真理的一部分，那就不存在什么极端性的问题了。

12世纪的经院哲学家托马斯·阿奎那虽没有这么极端，但仍然主张信仰高于理性，理性服从于信仰。虽说"神学和哲学都是关于上帝的同一真理，但论证这一真理的途径不同，神学以天启为前提，哲学则用理性证明自身的前提。但不管天启还是理性，都有同一来源，天启来自上帝的恩典，理性是上帝赋予人类的自然能力。信仰与理性的关系实质上是恩典和自然相辅相成的关系。"[23]从而可见信仰永远居于主人地位，理性的从属性只是用来证明上帝存在的工具。

现代托马斯主义者马利坦（J·Makitain）按照信仰与理性关系，

构造了一个"知识的等级","理性范围包括实验科学、自然哲学知识和形而上学这样一个由低到高的等级。在理性知识之上还有超理性的知识,即信仰领域,也包括神学、神秘经验和天福境观(beatifc vision)这样一个由低到高的等级。"[24] 二者关系及高低等级在马利坦这里一目了然。这可以说是西方宗教和哲学的主流观念。

启蒙主义以后,虽然呼吁理性的声音越来越强,理性主义者从宗教的背后站到了前台,表现出了前所未有的革命精神,对宗教的愚昧无知性予以了坚决的批判,但主流哲学家们在骨子里还是为了上帝存在的信仰而不遗余力进行理性辩护和证明。这从笛卡尔、斯宾诺莎、莱布尼茨、乃至康德、黑格尔的哲学特质可以得到说明。其中康德是一位代表人物,他的《纯粹理性批判》似乎将信仰与理性划清了界限,但其对理性神学批判的目的只是限制理性,从而给信仰留下了地盘。而哲学著作中艰深晦涩的思辨推理,似乎是用纯粹理性构筑了科学这座大厦何以能够成立,但用理性不可知的"物自体"的公设,其实是为上帝存在的证明预备其空间,再通过自己设计的"实践理性"将绝对自由、灵魂不朽和上帝存在的这些魂魄请进来,完成了自己的哲学体系。为此不仅要问:①纯粹理性和实践理性到底算是什么区域?是理性的两个部分,还是理性与非理性的区别?如果都属于理性范畴,那么并没有改变用理性论证上帝存在的方式!②是谁赋予了"实践理性"具有"绝对命令"这样的"道德公设"?这样的强制性对人类,尤其是实施罪恶的人群有效应吗?③即使有天然的"道德公设"存在,实践道德至圆满程度只是人的完满，又如何归诸于上帝？后期的实践证明这些理论是抽象空泛、不切实际、不能由绝对来付诸行动的。本世纪初舍勒（Max Scheler）在《伦理学的形式主义和实质性的价值伦理学》一书中，就击中了康德伦理学的这些要害。而其他哲学家企图要架起的理性与信仰之间的桥梁实际上也在不停的坍塌。一切基于对基督教的真理性的证明和上帝存在的推理都是徒劳的，其根源是基督教的教义并不是真理的化身，里面充满着太多的矛盾与荒唐，而强制的命令和神话信仰也不符合自由理性的精神，这只能让后现代主义本着再次摧毁、重建的决绝方式来完成这场哲学革命。

如果以上的说明正是想论证基督教并不是绝对的真理标准，那么宗教的神圣性也就难以建立起来。仅凭神秘的体验，会让这样的宗教与理性主义越走越远。况且体验到的一些神秘性，在其他世俗宗教中颇为常见，并无其特殊价值。为此，我们说这样的宗教——基督教也是世俗性的，它与现代性的世俗主义文化具有平等的融合关系，只是表现的方式不同罢了，但终归是一个圈子里的文化现象。

三、接着说

作为一生都在爱好和研究哲学的人来说，现在看到宗教和哲学中带来的信仰与理性的文化危机，又要避免后现代主义的极端化倾向，谁都会殚精竭虑，为新的哲学文化，寻找一种活力和方向，这也是我们愿意再接着说的理由。

　　赵敦华先生于其著作中也不例外，他认为神圣文化和世俗文化各有所长短，可以取长补短，且肯定只能这样，才能摆脱现代主义的危机，又能避免后现代主义极端化。文章最后说："神圣文化和世俗文化的结合，是防止后现代主义在价值观领域的怀疑主义、相对主义和虚无主义的影响而提出的一种文化建设方向。它的实现涉及对传统的创新关系，对各种文化的比较研究，以及统一的人文社会科学的创立。"[25]这是作者常常提到的"大哲学"的方向。也就是跨学科的哲学研究，比如科学哲学、政治哲学、宗教哲学等等，是以往纯哲学的自我发展和深化。这样将哲学研究分散到各个其它学科，踩着各学科的影子行走，是否可以真正解决这些危机，走出信仰与理性的沼泽地，迎来新哲学的春天，对此我们拭目以待，但也不做任何评价。况且这并不妨碍我们深思和反观，抓住内在的本质进行比较研究，也许会有出其不意的效果。

　　赵先生有一句话常能引起许多读者共鸣："经过一个多世纪的翻译和评价，西方哲学已在中国普及，可以说，中国人熟悉西方哲学的程度远远超过了西方人熟悉中国哲学的程度，这是中国学者的优势所在。"[26]此言表面看来好像如此，但仔细推敲后也会疑问丛生。其实人对自己的认识是非常困难的，许多人活了一辈子也没有看清自己的本来面目，更加遑论对自己以外的世界和社会的了解了。站在自己的角度看待西方文化，如同西方人看待中国文化一样，双方都隔着一层面纱。

古希腊智人苏格拉底总是认为自己"一无所知",为此他去询问许多人,比如口口声声讲"虔诚"的人;到处宣讲"勇敢"的人;认为精通国家事务的人;能掌握修辞演说技巧的人等,开始他们总是自信满满,但经过交谈,实际上什么也不懂。于是苏格拉底总结道:"他们最不了解的便是他们自己。"他常常呼吁人们要正确了解自己。也许正是因为这个缘故,德菲尔阿波罗神庙神谕说苏格拉底是最有智慧的人。

作为研究哲学和追求智慧的人士,不应该忘记这样的典故带给我们的善意提醒。佛法中也有类似的警示提示:"何以菩提?如实知自心。"[27]为此,这也许要我们从宗教的神圣化殿堂走出来,从西方哲学的思维模式中解放出来,从西方哲学家思考甚至思辨逻辑的体系的影子中超越出来,才能看清哲学的真正面目所在。

冯达庵大阿阇黎在《佛法要论·佛教真面目》序言里讲:"吾人所能感见之事无穷无尽,括其要不出精神、物质两界。由精神演成无量众生;由物质演成无边世界。根本究从何来?此古今学者劳心焦思终不能解决之两大问题。有强作解释者:或以神话点染之,普通宗教家之手段也;或以意识推测之,普通哲学家之眼光也。高下虽殊,总于真理不相应。然宗教点染,有时也根据特殊事迹,惜无义理以调和之;哲学推测,有时也符合局部正道,惜无实习方法证明之。故对研究者之要求,皆不能如量应付。根本问题,遂成为人类最大之谜矣。"[28]但谜有可解之法,却要真修实习之道。佛教虽被世人俗称为三大宗教之一,其实从根本上研究,与西方基督教之世俗性绝不相同：①基督教崇拜一神即"上帝"。佛教无崇拜之神；②基督教尚原罪说。佛教是众生本来佛性；③基督教中神与人永存差别。佛教是众生平等；④基督教罚与赎为上帝之强制力。佛教自由信仰，自愿习道；⑤基督教只认已教为正教，其他皆为异端。佛教含融一切世出世法，又不取不舍不破一切世出世法等等。在此不能广加分别。但有必要将佛教的特质作一简要分析，以此不同角度提供未来哲学中的信仰与理性的选择方向。

第一，佛教既不是有神论者，也不是无神论者。佛法追求的是无上般若智慧，以此智慧能断一切烦恼，其中包括生死烦恼。其智慧有本有智慧和修生智慧之分。本有智慧是指所有众生都有如此自性智慧，此智又称"根本智"。只是因无明业力覆盖不现而已。修生智慧是指按佛教指引的方法，闻思修习，将无明业障清除，来显现其根本智慧，此又称为"后得智"。如同矿里虽有黄金，如果不经冶炼，也难以真正得到金子一样。这里追求的智慧人人本有，从此义上讲，没有众生与佛的差别，是生佛平等的。因此，无一切迷信之说。佛教中谈到的天神地神等，也只是与人一样，是六道众生之一类，只是不同的生命状态而已，同样是有生死和其他烦恼的凡夫。故基督教中的上帝与中国儒道讲的天帝都是没有脱离六道生死的众生，说基督教之非神圣性，而是世俗化宗教，依据在此。由此可知，佛教没有崇拜神灵之说，也没有什么绝对命令的限制，也不存在人与神永远隔河相望，而难以平等。既然所信仰的是众生人人本有的自性（即佛性），并且能依靠理性智慧的方式获得，那么佛教的平等观、理性观、自由观就可以清晰显现出来。

第二，佛法讲的"缘起性空"的道理，是蕴含于人人所能见到了知的世间事物之中的，并无神秘之处。若极简单地概括佛法的全部，则"缘起性空"说可以囊括殆尽，无一遗漏。缘起观是专讲世间因果的。一切事物都不是单一原因而成，而是由不同因缘和合而成。比如豆子生成豆芽，要有种子因；又有阳光、水土和人工等各种的增上因；中间还不能毁烂，这是相续因。故佛法中讲四种因缘：亲因缘，所缘缘，增上缘，等无间缘。四缘聚则兴，四缘散则灭。世间一切法都呈成、住、坏、空四相，就是因为缘生缘灭造成的，这是人人都能晓得的道理。但其难点在于，虽知一切法由因缘生灭，却不知因缘生法而法无自性的甚深道理。若诸法有自己的本性存在，则诸事就不能变化，也就没有生生灭灭的现象了。故诸法无有自性，才能够缘生缘灭。缘生即无性，无性亦无生，故性是空性，生是假生。我们日常所闻所见，所接所触，似乎世间万物真实不虚，其实这是人的颠倒妄想、业障执著所致。于虚认实，于假认真，故无始来追逐不舍，反生无限烦恼，落入苦海而不能自拔。此理一旦明了，依照正法修学，破除愚痴，则心中本有智慧大显，照破无明，亲证无性无生真理，从而断除一切烦恼，获无所不能之大自在、大快乐、大清净、大平等、大慈悲，这就是信仰与理性的最好归宿！

第三，佛法中讲的缘起即性空、性空即缘起，不是指此岸和彼岸两个世界。这与基督教的人间和天国不同。而是说在众生没有去除执著时，产生的颠倒妄见，会将世间一切执为实有，产生迷惑。

比如有我有他，有生有死。从此爱则欲取，憎则远离，所有烦恼应运而生，成愚痴无慧的众生相状，谓之此岸。当修行智慧显现时，同样的世界，因心清净能离一切烦恼。凡夫所受烦恼为此岸，智者所证快乐为彼岸。因此性空不是破相才空，而是当体即空。此空性不仅不破坏世间一切法相、规律、理性、秩序，反而成全世间一切诸事。何为佛法中的"空而不空"？万法绝无实体可得，如梦幻暂现，觉照则无，这是空之本义。然万法所以得呈幻象，必有所依之本体，故曰空而不空；何为"不空而空"？本体虽确然不空，而依附之者，只如镜中之影，于镜全不沾着，故又曰不空而空。此为万物中之实理，也是诸理中之实际，于是而知，佛法是事理圆融智学。故佛学不同于世间哲学和宗教，是彻底追求智慧的学问。假如哲学是爱智慧，那么，佛学则是一门真正的哲学。

第四，佛教常言理理无碍、理事无碍、事事无碍，何谓也？这是理解佛学及自然界的一大枢纽。自然界中表现的物质和精神现象皆是识的作用。上段讲过众生除人们日常了解的眼、耳、鼻、舌、身、意之六识外，尚有微细二识即第七末那识和第八阿赖耶识。第八阿赖耶识又称诸识之王，俗称神识，能藏一切善恶诸法之种子，故又称含藏识、种子识等，相当于西方哲学或宗教中讲的灵魂。但其含义不同：西方所谓的灵魂是不变的，阿赖耶识却刹那变化，因为佛学中所说的一切有为法都在变化之中，没有恒存的事物。第七末那识是对第八识的相分的认识，因为第八识刹那变化，而第七识又要清楚认识，则对任何变化都要审量思议，则第七识会把持第八识恒审恒思而不放舍，于是就形成了自我长存一样的感觉，导致有人我之分，主体与客体也对境角立。因对立故，一切矛盾由此而生。这又反过来染污前六识和第八识。若破第七末那识的恒审执著，则一切对立状况必然消失。七识因不执著而清净成智，转成平等性智，一切法相可平等齐现。第八阿赖耶识因第七识破执著后也转清净成大圆镜智，以前识中含藏所有的种子皆成一切种性，能于大圆镜智中随缘平等显现出来。第六识因第七识之清净也显清净，能智照妙观一切法相，故又称为妙观察智。前五识随后三识清净而清净，妙转为成所作智，能于色、声、香、味、触任意随缘操纵，利益一切众生。故佛经言："心转物即如来，物役心即凡夫。"由上略述佛法之大概，则可知佛法是真平等，由平等性智呈现一切法相故；是真包容，由大圆镜智含融一切法故；是绝对真理，由妙观察智照见一切法理故；是真自由，由智心能转一切物体故；是真智慧，由四智成一切种智故；是真慈悲，因利益一切众生故；是真道德，自由趣道而得一切大自在故。因此佛法涵盖包容科学、哲学、艺术、宗教等等一切学问而无对立矛盾，且能超越世间种种有为之法，并予以指导之。佛法不崇拜任何一神或多神，但崇信老师教示的真理而自求解脱一切烦恼，故佛法的信仰是彻底的"尊师重道"。信仰与理性完全融合为佛法的不二之学，其学、其义、其理与西方文化之对话最具有现实意义。

注释：

[1] 赵敦华：《西方哲学的中国式解读》，黑龙江人民出版社，2002年版，第476页。

[2] 赵敦华:《西方哲学的中国式解读》,黑龙江人民出版社,2002年版,第477页。

[3] 赵敦华:《西方哲学的中国式解读》,黑龙江人民出版社,2002年版,第489页。

[4] 赵敦华:《西方哲学的中国式解读》,黑龙江人民出版社,2002年版,第478-479页。

[5] 赵敦华:《西方哲学的中国式解读》,黑龙江人民出版社,2002年版,第479页。

[6] 赵敦华:《西方哲学的中国式解读》,黑龙江人民出版社,2002年版,第479页。

[7] 赵敦华:《西方哲学的中国式解读》,黑龙江人民出版社,2002年版,第479页。

[8] 赵敦华:《西方哲学的中国式解读》,黑龙江人民出版社,2002年版,第480页。

[9] 赵敦华:《西方哲学的中国式解读》,黑龙江人民出版社,2002年版,第480页。

[10] 赵敦华:《西方哲学的中国式解读》,黑龙江人民出版社,2002年版,第483页。

[11] 赵敦华:《西方哲学的中国式解读》,黑龙江人民出版社,2002年版,第483页。

[12] 邓晓芒、赵林著:《西方哲学史》,高等教育出版社,2014年,第2版第174页。

[13] 德里达:《哲学的边缘》,芝加哥,1982年,第67页。

[14] 赵敦华:《西方哲学的中国式解读》,黑龙江人民出版社,2002年版,第478页。

[15] 威廉·魏士德:《通向哲学的后楼梯》,辽宁出版社,第78页。

[16] 威廉·魏士德:《通向哲学的后楼梯》,辽宁出版社,第78页。

[17] 威廉·魏士德:《通向哲学的后楼梯》,辽宁出版社,第78页。

[18] 转引自赵敦华著:《基督教哲学1500年》,人民出版社,1994年版,第106页。

[19] 转引自赵敦华著:《基督教哲学1500年》,人民出版社,1994年版,第107页。

[20] 赵敦华:《西方哲学的中国式解读》,黑龙江人民出版社,2002年版,第476页。

[21] 赵敦华:《西方哲学的中国式解读》,黑龙江人民出版社,2002年版,第476页。

[22] 赵敦华:《西方哲学的中国式解读》,黑龙江人民出版社,2002年版,第476页。

[23] 赵敦华:《西方哲学的中国式解读》,黑龙江人民出版社,2002年版,第476页。

[24] 赵敦华:《西方哲学的中国式解读》,黑龙江人民出版社,2002年版,第476页。

[25] 赵敦华:《西方哲学的中国式解读》,黑龙江人民出版社,2002年版,第476页。

[26] 赵敦华:《西方哲学的中国式解读》,黑龙江人民出版社,2002年版,第476页。

[27]《大日经》(见《大藏经》)

[28] 冯达庵大阿阇黎:《佛法要论》,宗教文化出版社,2015年版,第88页。

第八章　我思故我在与我执故我在
——破执论

"我思故我在"一句哲学名言犹如平地一声惊雷，让西方哲学的研究又一次彻底理性的转向。如果说苏格拉底第一次是将古希腊哲学由自然天境拉回人间，让哲学开始认识自己。笛卡尔的"我思故我在"则相当于第二次将西方哲学从上帝的天国重新带回人间，掀开了理性思考的近代哲学研究的大幕。

西方一切的文明成果，包括科学、艺术、文学、宗教、哲学等等，无不是建立在意识形态基础上的。他们的认识是意识的自我也就是自我的意识，意识是自我存在的坚实基点，一切文化由此流出，且繁衍泛滥成汪洋大海，而一切问题和矛盾也是基源于此。哲学的研究也不例外，无论是近代的唯理论者还是经验论者，"我在"的基础均是如此。虽然唯理论派基于天赋观念为哲学起点，而经验论派是基于自然经验，但对于"我"的确立无不依于自我意识，因此，其"我在"的基点是相同的。因此，在严格考查笛卡尔所谓的"我思故我在"的哲学第一原则是否正确之前，为了方便研究，可以将唯理论和经验论同时纳入一个篮子进行观察和论证。

一、经验论哲学

早期经验论哲学产生于17世纪的英国。这不仅取决于英国在宗教信仰方面相对于欧州大陆来说具有一种较为宽松的氛围,而且经济发展也比较迅速。同时实验科学蓬勃兴起,成了有识之士的热土。实验科学与沉溺于苦思冥想之中的经院哲学的根本差异就在于对经验事实的重视。这里有中世纪后期的罗吉尔·培根、弗兰西斯·培根、霍布斯、洛克到贝克莱和休谟等。他们确定了"凡在理智中的,无不先在感觉之中"的基本原则,比如罗吉尔·培根的认识真理论的四种"阻碍"的观点;弗兰西斯·培根的"四假相说";霍布斯的在《论物体》对哲学的定义及对目的和对象的界定;在《利维坦》中对"人造的物体——国家"的理论描述与推理及其作用,至后来发展到洛克的经验论学说。洛克重新对"人类知识的起源、可靠和范围"进行了深入细微的研究,提出了"我们底一切知识都是建立在经验上的,而且最后是来源于经验"。[1]人心就如同一块没有写字的白板(Tabula rasa),形成众所周知的一切观念都来自于经验的"白板说"。知识具有等级性和可靠性的偏差:①直觉知识——它是指心灵直接在两个观念之间,无须插入任何观念,就能觉察到它们是否契合,比如红是红的,不是白的。这一类知识被洛克看来是最清楚、最可靠的知识,它构成了全部知识可靠性的根本综合和证明知识的基础。②证明的知识——这是次一等的知识，是心灵通过其他观念的媒介推出两个观念之间是否相关契合。这种证明的知识就是所谓的"推理"，那些被插入的中间观念则被称为"论证"。如数学定理就是这样。③感性的知识——这是一种"关于特殊外物存在的知识"。它不同于直觉的知识和证明的知识那样是关于一般观念的知识，它所处理的也不是观念之间的契合与否，而是观念与外物之间的契合与否。由于感性的知识是关于特殊存在物的（比如上帝的知识），因此它在可靠性方面要低于直觉的知识和证明的知识。

对于"实在的真理"，洛克说成是主观观念与实在事物相符合的真实知识。但由于洛克否认了实在本质的可知性，因此"实在的真理"实际上是永远无法达到的，我们通常只能停留于"口头的真理"之上。洛克的这种矛盾已经有了经验论向不可知论方向运动的萌芽。

当洛克还独断地设定了两个无法用经验来说明的形而上学"实体"——"物质实体"和"精神实体"，并将其作为整个知识论的得以可能的客观基石和主观基石时，便遭到后面的贝克莱和休谟更加彻底的经验论的反对。贝克莱首先对洛克的物质实体进行了批判，以固守感觉经验的立场，但他却保留了洛克的"精神实体"，目的是维护上帝存在的地盘。而休谟却不依不挠，将经验论推到了更加彻底的地步，否定了哲学上各种实体的假说，且否定了因果关系的客观性和必然性，从而使经验论者最终陷入了怀疑论和不可知论。这一结果，则是经验论者的必然归宿。因为从一开始其哲学的基点就是错误的，自我意识并不是真实存在的，那么，建立自我意识之上的"我"当然也不是真实存在的。抓住这样不存在的"自我"去推理和论证，怎么可能得到真理的可靠性？

二、唯理论哲学

看过早晚期的经验论哲学，再来考察唯理论哲学的兴起与走向，你会发现二者其性质又基本相同。"从方法论上来说，英国经验论哲学由于坚持一切观念知识都来源于感觉经验这一基本原则，为了解决经验的归纳如何能够得到普遍必然性的知识这个关键问题，它或者向唯理论的'天赋观念'说妥协，或者把经验论推向不可知论，从根本上否认普遍必然性的知识，相反，大陆唯理论把自明的天赋观念或原则当作一切普遍必然性的知识的前提（这是唯理论的基本原则），为了解决天赋观念或原则的来源这个关键问题，它就不得不求助于上帝，以上帝作为整个知识系统和形而上学的最终保证。因此，如果说把经验论的基本原则推向极端必然会导致对上帝存在（以及精神实体和物质实体）的怀疑论，那么把唯理论的基本原则推向极端则必然会导致以上帝作为一切天赋的观念、原则和秩序的根本保证的形而上学独断论。"[2]

唯理论最后走向独断说源于笛卡尔开始的怀疑原则，他对早年学习的各种知识如神学、哲学、逻辑学等都表示怀疑。"神学断言天启真理是我们的智力所不能理解的,这些观点只能使人困惑;哲学千百年来始终处于无休止的争论之中,这些彼此对立的哲学观点无一不是值得怀疑的;哲学既然如此,建基于哲学之上的其他学问更是不足为信了;至于逻辑学,充其量只能用来向人们说明已知的事物,而不能用来进行发明和求知。唯一具有牢固基础的学问是数学,然而令人遗憾的是,迄今人们仍然没有在其上建立起知识的大厦。面对着这些充满了谬误的陈旧知识,笛卡尔明确表示惟有将其从心中彻底清除,或者用理性来对其进行校正和重建。"[3] 笛卡尔在进行普遍怀疑时,但却有一样东西是不可怀疑的,那就是"我在怀疑"这件事情本身。

因为我能够怀疑所有事物,而"我能怀疑"说明"我存在",否则没有一个怀疑的主体,那就不能够思想。于是,笛卡尔找到了哲学的第一个原则,因为"我怀疑",于是"我存在",即"我思故我在。"当这个哲学第一原理建立后,笛卡尔马上想到:"凡是我们清楚明白地设想到的都是真实的。"[4] 但鉴于我自身是不完满的,作为怀疑本身就是一个不完满性的体现。那就一定有一个完满的东西存在,才能让我思想到完满的观念。否则,"因为说比较完满的东西出于并且依赖于比较不完满的东西,其实矛盾实不下于说有某种东西是从虚无中产生的……因此只能说,是由一个真正比我更完满的本性把这个观念放进我心里来的,而且这个本性具有我所能想到的一切完满性,就是说,简单一句话,它就是上帝。"[5] 这样笛卡尔心目的形而上学即上帝存在就自然而然、顺藤摸瓜般地建立起来了。

当上帝被笛卡尔用"我思故我在"这个简易支点引申出来以后，那后面涉及一系列复杂的人和自然问题都有了被解决的万能钥匙。可靠知识的建立也有了坚实的依据和基础。尤其是"上帝存在"构成了"天赋观念"的合理性根据。笛卡尔确立人的观念有三个来源：一是与生俱来的；二是外来的；三是由我自己做成和捏造的。第一类即是所谓的"天赋观念"，如几何学原理、逻辑学的基本规律，关于上帝的观念等等。第二类是由感觉提供的，例如所听到的声音，看见的太阳，感觉的热等等。笛卡尔认为这类观念是不以我的意志为转移的，因为它们经常不由我们自主而呈现给我。[6] 第三类是一些关于现实世界并不存在的虚假观念，如美人鱼、飞马、妖怪等。显然，只有与生俱来的"天赋观念"才是真正的知识的来源和前提，所有真理性的知识都是以"天赋观念"为依据而清楚明白地演绎出来的。换言之，只有上帝才是正确的。

但当笛卡尔用上帝这个绝对实体解决人和世界的时候，就不可避免地陷入了二元论的结局，即人与世界不可能等同于上帝这个绝对实体，那只可能依附上帝而成为相对实体，因为前者是"自因"存在，而后者是依上帝而存在。于是必然出现了"物质实体"和"精神实体"。在人这个肉体与精神的统一体中，物质实体的肉体与精神实体的灵魂如何统一运行则成了最大问题。这种心物二元论构成的矛盾一直折磨着晚年的笛卡尔，而且其后辈唯理论学者也不得不共同面对这个难解之结。

虽说斯宾诺莎（Spinoza）是笛卡尔哲学最出色的后继者，但摆在他们面前的二元论矛盾前提是他必须要克服的。于是他批评笛卡尔的唯理论原则并不彻底,所谓"我思"并不真正是在理性中直接呈现出来的"公理",而是一系列"怀疑"抽象出来的产物,因此本身就不具有笛卡尔所说的"清楚明白"这一特性。况且不能用一个设想的"我"来推出,否则这个"我"又需要另一个"我"来保证其清楚性,这就会导致无穷的后退。斯宾诺莎干脆从"神"开始,把神说成是唯一实体。他说:"一般哲学家是从被创造的事物开始,笛卡尔是从心灵开始,我则从神开始。"[7]因为神在斯宾诺莎那里是不证自明的:①没有有限的实体;②没有两个相同的实体;③一个实体不能产生另一个实体;④在神的无限的理智中除了自然中实际存在的实体外没有任何其他实体。四种逻辑思考其结论是只有一个唯一的实体了,且这个实体就是自然,即神即自然,亦即实体。这就是斯宾诺沙一神论即一元论的观点。那所有的自然都是实体,这岂不是说所有自然到处是神?于是他又被犹太教会指责其为泛神论而亵渎神灵,受到了被教会警告、监禁、收买、暗杀的种种磨难。

  实体既然是神,神又具有无限性,则在无限多的属性里,人们能够认识的只有两种,那就是"广延"和"思维"。广延所指的就是自然,思维所指的就是精神,但是这两种属性在神或自然中却是彼此独立的,它们之间不发生任何作用:"身体不能决定心灵,使它思想,心灵也不能决定身体,使它动或静。"[8]既然斯宾诺莎是一神论者,为什么在论神的属性中又出现了两个似乎是不相干的属性,进而又是进入分离的状态?那就是他必然要解释意识思维和自然运动的问题,因为实体神是自因和永恒的，它不能以被另外的东西产生，只能是不动不变的，绝对无限的实体。而思维和广延都是运动和变化的。如果二者为一，则与最高的实体——神相矛盾。因此，"思维"和"广延"只能以属性的方式存在，那么身心二分性又会自然而然地表现出来。此时，斯宾诺莎干脆解释说：在神或自然内存在着事物的系列与观念的系列，二者既平行而又相互同一："当事物被认作思想的样式时，我们必须单用思想这一属性来解释整个自然界的次序和因果联系；当事物被认作广延的样式时，则整个自然界的次序必须用广延这一属性解释。"[9] 即自然万物都以"一体两面"的形式存在，一方面表现为具有广延的形体，遵守相同的机械因果律；另一方面则表现为可以被思考的观念，遵守形式逻辑规律，这两个方面是完全一致的。这也构成了斯宾诺莎真理观的标准：正确的知识都只能来自于直观和理性，而外在事物感觉经验则是虚妄和错误的根源，因此真理也不可能通过外在事物来验证，而必须由自身来衡量。所以，"真观念之所以符合它的对象，根本说来还是由于真观念符合自身；只要它符合自身，就必然符合它的对象，因为观念的系列与事物的系列之间永远有一种平行关系。它们的平行是由于来自同一个神。""可见斯宾诺莎'符合说'不仅不是对经验论的妥协，恰恰是对经验论的根本否定，表现出唯理论哲学的鲜明的'独断论'特色。他认为他的出发点神、自然或实体是一个不容讨论的前提，连这个前提都不承认的人，他根本不屑于与他们谈论哲学。"[10] 以上那些观念，在莱布尼茨看来，笛卡尔二元论固然不可取，斯宾诺莎的唯一实体也太抽象，这种静止不变的实体无法解释大千世界丰富多彩的"样式",失去了实体的作用。由于任何具有广延的东西是可分的,所以真正单纯的和不可分的"单一实体"(einfache substanzen)必须是没有广延、没有部分,没有量的规定性的东西。他将之称之为"单子"(Menaden)。它既不是物理学上的原子,也不是数学上的点,而是"形而上学的点"。它们是"构成事物的绝对的最初本原",也是事物运动的终极根源。因为单子不具有广延性,因此不可能是物质性的东西,只能是精神性的实体,或者干脆称它为"灵魂"。单子本身是单一的,但在数量上是无限多的。世界万物都是由这种精神性的实体构成的,莱布尼茨强调:"每个单子必须与任何一个别的单子不同。因为在自然中决没有两个东西完全相似,在其中不可能找出一种内在的差别或基于一种固有特质的差别。"[11]这些观点无疑把莱布尼茨推向了多元论者。

莱布尼茨所说的单子都在彼此孤立的情况下根据自身固有的内在原则而运动变化。但是如何能保证这样一个庞大而复杂的单子系统在各自独立运动的情况下协调一致,从而体现出普遍规律?如果没有规律,而是一片混乱杂多的状态,那我们又如何能认识这个世界呢?莱布尼茨对付这样的疑问的解决办法就是不停地搬出上帝来。既然单子是上帝造的,那上帝在最初创造每个单子的时候,就把它们相互的协调一致的程序放进单子里面了。"这种和谐是由'上帝的一种预先谋划'判定的,上帝一起头就造成了每一个实体,使它只遵照它那种与它的存在一同获得的自身固有法则,却又与其他实体相一致,就好像有一种相互影响,或者上帝除了一般的维持之外还时时插手其间似的。"[12] 同样，在由无数单子构成的宇宙中，上帝就如同宇宙秩序总谱的作曲者，彼此孤立的各个单子正是根据上帝的前定和谐来进行各自的自然变化，从而使得每一个单子都向着更高的知觉状态运动，也使得整个单子世界保持了一种有条不紊的秩序。

无论是唯理论还是经验论，在解释事物的原因时总有两种：必然理由和充足理由。必然理由服从矛盾律；充足理由服从充足理由律。莱布尼茨提出充足理由律，是逻辑史上的一大发明。主要是所有发生的事实都有一个为什么是这样而不是那样的充足理由。亚里士多德曾把逻辑规律总结为三个：矛盾律、同一律、排中律。但这三个规律实际上都是说以矛盾者为假，不矛盾者为真。莱布尼茨认为这些都是矛盾律的体现，而充足理由律是关于事实存在的规律。虽然充足理由律"常常不能为我们所知道"，因为人类的理性不能穷尽事物发生的所有原因，但是，一切可能性都在上帝之中。在上帝看来，一切事实都有为什么是这样而不是那样的充足理由，上帝的充足理由律是必然的。这又是一次搬出上帝作为事实存在的必然依据的例子。

对于事实的真理，同样是人类不能穷尽事物最后的理由，即不能用完全的分析方法来证明事实的真理，只能停止于分析的某一步骤。在此意义上，事实的真理就是偶然的。哲学若要达到关于世界的必然真理，就不能囿于分析法，而要从上帝这个绝对完满的原因开始，达到他所创造的结果。这又是莱布尼茨搬出上帝后得到的结论。

按照莱布尼茨理解的：必然等于必然自由；自由等于充足理由。

在关于自然与自由的逻辑关系里,上帝作为全能的造物主,按必然理由律在可能创造的众多世界中,一定会创造一个一切可能世界的最好世界,这个世界没有任何矛盾,彼此和谐。因为上帝为什么选择这一个而不是那一个世界的充足理由是最佳理由,是理由的最后根据,依赖于上帝的自由意志。无论世界上出现的是物理的恶还是伦理的恶,都应属于上帝创造的和谐秩序。"自然的恶"不是对人类的有意伤害,它存在的充足理由是事物之间互相补偿的平衡。"伦理的恶"则是为了衬托着善而存在,如果没有恶的考验和折磨,也不会有善,恶越大则善越大。上帝的这次出场显示了最愚蠢的狡辩性,似乎是说为了最大的善可以不惜对人类采取极端的恶的做法。但仔细品尝,你会觉得上帝在这里所起的作用正像黑格尔所说的"上帝仿佛是一条大阴沟,所有的矛盾都汇集于其中"。[13] 正是莱布尼茨头脑中上帝的坚固性,对使真理的探讨彻底走向了反面,将唯理论的独断性彻底推向了顶峰,随之而来的批判也是不言而喻的。

三、对"我思故我在"的两种批判

(一)西方式的哲学批判

伽桑狄(Pierre Gazzendi,1592-1655年)在哲学上以对笛卡尔的批判而著称,在《对笛卡尔〈沉思〉的诘难》一书中,他对其六个沉思逐一进行了详尽的反驳。首当其冲是对笛卡尔为哲学形而上学所建立的支点的批判。对于笛卡尔"怀疑一切"的方法伽桑狄指出:"没有一个人会完全相信你所知道的一切没有一点是真的,都是感官,或者睡梦,或是上帝,或是一个恶魔继续不断的捉弄你。"[14]而"我思故我在"的"我"作为一个脱离肉体的"心灵"或精神实体本身就是荒谬的,笛卡尔始终未能说明这个"我"到底是什么。不能将不清楚明白的观念作为建设哲学的奠基石。其次是天赋观念学说也是错误的,关于"清楚明白"的真理标准具有很大的相对性,因为是因人而异的。笛卡尔从上帝是一个完满的观念推出上帝存在,这与因为"我思"观念而推出"我在"如出一辙。在伽桑狄看来,我们必须知道了一个东西的存在,然后才能获得它的观念。而上帝所具有的无限性和完满性,只不过是以一定的方式把有限事物的观念加以集合和扩充的结果。

斯宾诺莎认为笛卡尔提出的唯理论原则并不彻底,所谓"我思"并不是真正在理性中直接呈现出来的"公理",而是经过一系列的"怀疑"之后才抽象出来的,因此本身就不具有笛卡尔所要求的"清楚明白性",而由这一含混不清的前提推出一个上帝来更是矛盾百出。

康德看来,笛卡尔从"我思故我在"这一命题开始,认为"我思维"必须有一个在思维着的"我"为存在前提,这个"我"必然是一个存在着的实体,而"思维"则是这个实体的"属性",即犯了"偷换概念"的逻辑错误,也是逻辑中的谬误推理。"我思"固然要预设一个"我",但这个"我"只是"思"的一个逻辑前提(没有"我"的"思"是自相矛盾不可想象的),但却丝毫也不意味着"我"在时空中的现实存在,即一个具有各种属性并能起作用的"主体"。

所以"我在"的实际意义也无非是"我思",由此并不能推导实体的真正存在。康德这样的批判是中肯的。而类似于笛卡尔这样的逻辑幼稚错误,却因此能设定为哲学第一原理,且由此构建了整个形而上学的哲学大厦,并对西方哲学产生了持久性的影响,由此可以想见人类的智慧之贫乏与可怜。在笛卡尔前后的哲学家,皆将"自我意识"看成一个不变的"自我"。因有"自我"的确立,主体意识的形成,其对立着的客体也随之生起,产生了主体与客体世界的二分性。所有建立于此的哲学观点,无论如何绞尽脑汁,又无论怎样虚幻地构建上帝,也不能解决人与自然形成的矛盾,这是西方哲学破产的原因,当然也是必然结果。

(二)东方式的哲学批判

不管是唯理论派产生的独断论,还是经验论派最后的不可知论,由显而易见的各种矛盾、分裂、冲突带来的诸多问题,可以看出西方哲学建立的基础是不正确的,否则,无论中国学者如何努力,总也摆脱不掉那些西方哲学家曾经遇到的难以克服的困难,更加遑论学习别人的知识,步随他们的思维框架,理解着他们设计的观点,更加难以超越和自拔。东方文化从传统的意义上,就不是这样的思维,对把握人与自然的实际真理有自己的独特观点和看法。只有这样,才能在平等对话的角度上,判分孰优孰劣。

笛卡尔所谓"我思"者,实为佛教法相唯识学所指的第六意识,能起思想、分别、综合之作用,原与众生前五识即眼识、耳识、鼻识、舌识、身识共同和合作用。前五识作用一起,必带第六意识俱起作用。只有睡眠时，前五识暂停，但第六意识因识力习气仍会作用，故有夜梦之独头意识之作用。无论白昼，第六意识总是刻刻变异，不停流转，刹那生灭。因此，不能将第六意识看成是不变的自我。若每起一意识皆是自我，那意识刹那变化，念头成千上万，则会有无数个自我，显然错误。若将自我看成唯一不变，则不会发生意识变换迁流之状，况且意识恒与前五识俱起合和作用。因此，佛学认为，意识思维没有一个不变的自我主体。意识所对者为法尘，前五识所对者为色、声、香、味、触等五尘。我们所能感见之外物，大到山河大地、日月星辰，小到细胞基因、原子、量子，都是五尘和合所成，同样刹那变化，迁流不息。而我们眼睛的能力很弱，只能看到粗大的事物表相及动静状况。速率极慢和极快者都不在我们的视域范围，于是会因意识虚妄联接形成事物有动静快慢之错觉存在。如果将刹那变化之第六意识立为自我，作为观察世界，了解知识之主体，而将虚妄之物质世界立为真实之客体，那么，无论如何思维、比较，都不能得到真理性的知识。因为其作为知识之基础，研究之起点都是虚妄不实的，何以能产生真实的知识？

　　依唯识学所谈，众生前六识只是由于根、境、作意产生的外面粗识，还有内细二识，即第七末那识和第八阿赖耶识。此内二细识不仅西方哲学研究者、宗教家、科学人员等凡夫类所不能认识，就连佛教中的小乘成就者亦难以了知。故西方哲学无论如何也深入不到赖耶缘起法门，只能就局部的粗浅的因果缘起现象作肤浅的推理研究而已。更何况一乘佛学所谈的更深层面的真如缘起和六大缘起。

由于众生不知真实之我，紧紧抓住由前六识和合组成的虚妄之相为我，则起一切自利之贪、嗔、痴见（为己而贪、贪到则喜，逆我则嗔，不明事理，恒起伤人伤己之事为痴），形成强大的无明业力，形成贪嗔痴之善恶种子藏于第八阿赖耶识中，遇缘现形，开出自我及对境之世界，并执著有实我实法，于是本无物质，执著其有，而成色蕴；幻法当前妄起受感，又起受蕴；随法注想，不能遽舍，构成想蕴；行法过渡，惑于假迹，幻成行蕴；意识辩别法相，辄被识滞，牵为识蕴。此五蕴形成一切之我身及外境。但五蕴恒时都流转不停变化，故五蕴和合之身心刹那不停流转变化，实无有一不变之主体而常立常存，这就是佛学中的缘起性空之义。万事万物随缘而现，五蕴无我，无有自性而存，故虽现万相似乎存有，但其性恒空而成空性。因性自空才能随缘而变化，随缘变化正好说明万法无有自性。这才是认识精神与物质世界的真理观念。此观念既源于一切事实，也普现一切现象之中，其理看似简单，其义却深刻无比。这样真理性的观念，是破除西方哲学建立实我、实法、乃至上帝存在的最为有力的真理依据。因此，我们把以笛卡尔为代表的"我思故我在"，可以表述因为执著而成的"我执故我在"，更为确当真实。

四、实际真理之结论

用"我执故我在"言摧破西方哲学依之建立的自我、实法之基础,其哲学形而上学的大厦自然会倾塌坑废,但破其为假,只是手段,不是目的。而假去真显,犹如风吹阴云,阳光显露一样,是为真理铺路而已,这才是本文的目的。

世间真理,必含于真心之中。佛法中的缘起性空,其缘起可解一切现象,正如康德所言,我们所感所知的只能是现象,却不能了知现象背后所谓的"物自体"。所谓康德不能了知的,正是东方文化之特长,且能明明白白知所无遗,否则,缘起理论就不能如实解决万相存在及因果规律。即知缘起为正理,则知性空为真实,是一而二,二而一的。即缘起就是性空,性空就是缘起,缘起是从俗谛万有上讲,性空是从本体本性上谈,实为一事。故凡夫妄心有生有灭,表现为识,而圣智真心无生无灭,契入真体。这也恰恰就是东西方文化对认识真理的根本差别,即必须泯去识执,扫除想蕴,开启悟性,显露真智,方可契入真体。

冯达庵大阿阇黎在《佛法要论》中对其真理的把握这样阐述道:

> 夫世界真理,俯拾即是,本无待他求,世人殚竭心力而不能得者,为不知其要所在者。佛法者,独得其要者也。得其要焉,利根一超直入,当下了了;其次学而知之;又次困而知之。其能有成,一也。然其要安在?曰:在明吾心。
>
> 心有真有妄,一而二,二而一。凡众之心,奔逸放驰,念念流变,曾无一息之停,此妄心也。奔逸知所止,放驰知所摄,寂寂然归于光明普照之妙,此真心也。握要言之:

妄心所以为妄，在以能觉之心，对所觉之境，心境角立，能所沟分。始焉以妄心开妄境，继焉以妄境熏妄心。妄心受熏，辄纳陈迹为种子。一遇机缘适合，又复开为对境。相开相纳，流变靡已。从起灭无定言，谓之生灭心；从纳种开境言，谓之藏识（梵名阿赖耶识）。

真心寂照一如，故又曰真如。语其究竟，举心即错，动念即乖，实无一字可说。若不说之说，则"即心即境，能所双忘"八字，其庶几乎？然不能随文字转也。盖作"能所双忘"之念，此念分明是所；而作念之心，分明是能；并此能所而求尽之，是亦能所也，展转求尽，根蒂仍存。必实地行持，得诸离言绝思以外，庶可少分相应耳。当其相应也：大而山河震撼，小而蚊蚋嗷嘈，显而万象森罗，隐而一念忽动，无不消归自性；世界现象，遂与吾心交相融化，无迹可寻；其中寂静光明，靡可言喻。一不相应，则妄心、妄境相与判然，世界辄复脱露而出。是知：世界或融或露，完全操自我心，一言蔽之曰：世界者，我心之所表现。

虽然，犹有说焉。凡具妄心者，皆谓之众生，亦谓之有情。众生多至无量无边，我只其中之一。我心能现我世界，一切众生亦莫不各现其世界。我所观者，应如我之幻梦，他众生不能相知。他众生所现者，亦应各如一己之幻梦，非我所能知。而事实上，彼此身形乃能互见，且复有山河草木等无情器界为众所共觉,抑有何也?曰:此"同分妄见"使然也。……质言之:同一世界之众生,环境能相符合,必大众妄见从同之分量,不能逾最低之限度。使逾限度,即不能入此世界,而附于所能合格之他世界矣。

西洋学者不审世界之虚妄,缘取一切同分妄见为研究之对象,所得因果定律,虽资归纳演绎而来,不知所资亦依同分妄见而建立。故无论如何观察经验,终属幻影上一种比例法。或曰:既属幻影,何以能施诸实用?曰:"实用"二字,何尝能逾同分妄见一步?即此一问,亦妄见也。打破此关,方足与知世界真相。[15]

以上这段引述,表明:(一)所有众生之心有二,即真心妄心。且可知何心为真,何心为妄;(二)妄心所显众生世界,真心所显真如;真假不同,判然角分;(三)真心何以成为妄心(能所角立),妄心又如何转成真心(能所双忘);(四)众心所见共相为同分妄见;(五)每一众生心所对为一世界(一人一世界,个相);(六)西方学者之知识基础是依同分妄见而建立(共相);所知之理为局部幻影上之一种比例法,非为真理;(七)世界表现之用,仍属幻影。(八)破除西学之牢关,方知世界真相。此八点之真理虽文字了了,但含义极其丰富,无不是古往今来学者所追所求之事,若能与以上八点全然领会,则其人生无惑,犹如孔子言:"朝闻道,夕死可矣!"

注释:

[1] 洛克著,关文定译:《人类理解论》,商务印书馆,1959年版,第68页。

[2] 邓晓芒、赵林:《西方哲学史》,高等教育出版社,2014年6月第2版,第14页。

[3] 邓晓芒、赵林:《西方哲学史》,高等教育出版社,2014年6月第2版,第142页。

[4] 《十六—十八世行西欧各国哲学》,商务印书馆,1975年版,第151页。

[5] 《十六—十八世纪西欧各国哲学》,商务印书馆,1975年版,第151页。

[6] 笛卡尔:《第一哲学沉思录》,商务印书馆,1986年版,第93页。

[7] 斯宾诺莎著,王荫庭、洪汉鼎译:《笛卡尔哲学原理》,商务印书馆,1980年,第19页。

[8] 斯宾诺莎著,贺麟译:《伦理学》,商务印书馆,1983年,第99页。

[9] 斯宾诺莎著,贺麟译:《伦理学》,商务印书馆,1983年,第49-50页。

[10] 邓晓芒、赵林:《西方哲学史》,高等教育出版社,2014年6月第2版,第157页。

[11] 《16世纪–18世纪西欧各国哲学》,商务印书馆,1975年,第484页。

[12] 莱布尼茨著,陈修斋译《新系统及其说明》,商务印书馆,1999年,第51页。

[13] 黑格尔,贺麟,王大庆译:《哲学史演讲录》第四卷,商务印书馆,1978年,第184页。

[14] 伽桑狄著,庞景仁译:《对笛卡尔〈沉思〉的诘难》,商务印书馆,1963年版,第5页。

[15] 冯达庵大阿阇黎著:《佛法要论》,宗教文化出版社,2015年版,第49-51页。

第九章　必然与自由的延伸
——二律论

莱布尼茨在其《神正论》前言中指出:"有两个臭名昭著,往往使我们的理智在其中产生混乱的迷宫:其一涉及到关于自由和必然性的重大问题,尤其关于恶事之产生和本源的问题;其二是关于持续性和不可分事物的讨论。"[1]而康德用比较优雅般诗句描写到:"有两样东西,人们越是经常持久地对之凝神思索,它们就越是使内心充满常新而日增的惊奇和敬畏:我头上的星空和我心中的道德律。"[2]出于莱布尼茨和康德之口的两段话,其实都是表达了自然界表现的因果必然律和心中的道德自由律,即我们所指的二律论。

发端于古希腊哲学家,无论是仰望星空还是凝视地面,又无论是追究外在客体,还是反省内心主体,都是为了完成自然界的必然律与内心自由律的协调统一问题,古希腊自然哲学如是,苏格拉底、柏拉图、亚里士多德也如是。尤其是哲学发展到了近代,这个统一性的问题更加突显出来,在理性主义与经验主义的斗争中表现到极为尖锐的程度。而康德所要解决的,就是前人始终无法完成的这一重大命题。正像他的同时代人说的那样,他的问题:是一边限制休谟的怀疑论，一边限制旧的独断论，同时反驳并摧毁唯物主义、宿命论和无神论，还有感情主义和迷信。"[3]实践证明，康德没有完成这一哲学上的艰巨任务，而后辈者费希特的反题法、谢林的直觉法和黑格尔的辩证法都作了各自为是的努力和尝试，其结果是无一成功。所谓自然界与心灵，主体与客体的统一问题一直困扰着西方的哲人们至今无解。但如果要了解必然与自由的问题，还是要从康德的哲学谈起。

康德哲学核心表现在三大批判著作上，即《纯粹理性批判》审查理论理性或科学；《实践理性批判》审查实践理性或道德；《判断力批判》审查我们的审美或目的论判断。其哲学的晦涩难懂及诘牙拗口在西方哲学著作中首屈一指，远超黑格尔的哲学难度，令诸多学人望而却步，难以深刻涉入。但康德哲学，在当时的德国乃至整个西方都产生了巨大的影响。文德尔班在《哲学史教程》评价到："这位柯尼斯堡哲学家卓越的地位在于：他全面的吸收了启蒙运动文学形成的思想因素，并通过这些因素的相互作用和补充获得了关于哲学问题和哲学方法的崭新的成熟观念。他经历过沃尔夫形而上学学派的陶冶，结识过德国通俗哲学家。他潜心钻研过休谟深邃的哲学论述，并曾热衷于卢梭的自然崇拜。牛顿自然哲学数学般的严谨，英国文学对人类观念的根源和人类意志的根源进行心理分析的精微细致，从托兰德和莎夫茨伯利到伏尔泰范围广阔的自然神论，法国启蒙运动用以促使政治社会条件得到改进的高尚的自由精神，——所有这一切在年青的康德心上引起共鸣，真诚而充满信心。

他具有渊博的世界知识和令人钦佩的智慧，出色地将启蒙运动的最大优点荟萃于自身，而又诙谐机智，独具风格，分寸恰当，决不炫耀自夸。"[4]赵敦华先生在《西方哲学简史》上称："康德的批判哲学集中体现了启蒙时代的理性主义和人道主义精神，他不但是终生在书斋里格物穷理的集大成的学者，而且是站在时代前列的进步思想家。"[5]康德因哲学体系的创建，赢得了同时代人及后辈们不可胜数的赞誉，正如他自喻为哲学上的"哥白尼革命"一样。因此，研究西方哲学，康德哲学的进入是必不可少的一把钥匙，无法摆脱和不可错过。而对康德哲学的再批判，恰恰又是跳出谜团扑向真理的最佳捷径。

一、对康德哲学的认识

康德哲学的全部旨趣都围绕三个问题：我们能够知道些什么？我们应该做些什么？我们可以希望些什么？最后完成"人是什么"的问题。应当说，这三个问题虽看似简单，但却是古往今来所有文化要解决的重大问题。哲学核心与基础就是因为这样的简单问题所展开的。这三个问题不仅对于康德，而是对所有的人都适应提出的，应当穷其一生要去追问和探索的问题。只可惜的是绝大多数的学问不仅不能解决这三大问题，反而将问题更加复杂化和荒谬化，于是又让绝大多数的人们一辈子远离了这样的追索。为此，我们尽量避免康德哲学中晦涩难懂的特殊词语，用简单的语句来慢慢揭开康德对三个问题的解读。

（一）康德的"我们能够知道些什么"的解答

由康德的三大批判及其他著作，知道康德非常熟悉他的前辈们的哲学思想，包括古希腊时期、古罗马时期及基督教哲学时期，同时他又是天文物理学家，对当时科学的发展及前沿也非常明晰。尤其是他洞悉唯理派由笛卡尔、斯宾诺莎至莱布尼茨所建立的哲学体系，如何一步步由天赋观念而渐渐走向独断论的。同时他也精通经验论者的哲学思想，尤其是由怀疑主义渐渐发展到以休谟为代表的由一切怀疑所导致的不可知论，所摧毁的不仅仅是上帝存在的形而上学，而是将世界可能的真实知识也因经验的不可能性导致了科学大厦的倒塌。这令康德难以忍受。人类不可能生存在没有任何真实知识的愚蠢世界中，如同动物野兽一般。而世界表现的如此有规律，就如头顶的星空一样，星球有规律地依照轨道旋转。又如人心中有自由的道德追求一样，也同样表现出神圣的道德律来。于是康德通过批判哲学的方式，来构建和回答自然科学何以能够通过理性建立起来的问题。众所周知，在古希腊时期，有赫拉克拉特提出的"火"的本原说，在承认一切事物变化的同时，其内部有不变动"秩序"存在。毕达哥拉斯则直接将"数"看作是世界的本原。柏拉图在谈论"理念"世界的时候，也是通过数学几何将经验世界过渡到真实的"理念世界"。亚里士多德也是通过形式因将哲学推到了神学地位。这些古典元素都给康德提供了灵感，他将所有能被经验主义批驳的、不可靠的感觉（如颜色、重量、体积等等）都从中剔除出去，唯有留下不论任何人都会承认的"时间"和"空间"这两种形式，称之为"纯粹的、先验的形式"来作为哲学基点进行构建数学体系如何可能和科学体系如何可能的问题。不论是唯理主义者，还是经验主义者，都承认有普遍性的、必然性的联系的知识是真实的知识，而经验论之所以推到真实知识的不可知性，则是认为在经验世界中找不到所谓的充足理由的因果关系的带有普遍必然性的知识。康德将人们最司空见惯的，谁也无法改变的，似乎是与生俱来的纯粹外感觉形式——空间和纯粹内感觉形式——时间为理性判断的起点，这种纯粹性及先天性让经验主义者也难以反驳。

因时间的连续及综合判断而建立了数学体系，有了空间形式及数学和综合判断而成就了几何学，数学与几何学的成立就构成了物理学等自然科学的基础，于是具有普遍性的、必然性的科学大厦则被建立起来。当然，其中康德运用了前人的逻辑推演，比如量的判断、质的判断、关系判断和样式判断形成逻辑范畴为量的范畴、质的范畴、关系范畴和样式范畴来建立知性理论，强调知性或理智的逻辑判断功能，由其纯粹性进行判断演化而形成普遍和必然的知识，则自然科学知识的可能建立的问题迎刃而解。于是，"康德称知识是由先天综合判断构成的。分析判断始终是先天的；我们无须诉诸经验就知道所有的具有广延性的事物是广延的；这样的判断是纯粹建立在矛盾律之上的。但它们并不增加我们的知识，后天综合判断增加了我们的知识，但是不确定；它们提供的知识是不确定的，成问题的。我们在科学中要求必然的确定性,而这种确定性只存在于先天综合判断中。"[6]康德不同于以前的唯理主义者,将一切知识的源头归诸于上帝,由上帝是全能、全知、全善而赋于人类的必然知识的独断性,他重视经验能够提供的优先因素,如同时空一样,既是经验的,又是先天的,又是纯粹的,即为先验的,来作为纯粹形式纳入到知性的形式逻辑之中。其关健点是从经验到其必然的前提是运用先验方法。而"经验主义通过归纳法从经验事实走向假说,并且概括是以这些事实为根据的;而康德则从事实向事实的可能性的必然条件进行可证明性论证。经验主义者诉诸于经验的事实性,而康德诉诸于其本质的本性;经验主义者通过归纳法进行推理,而康德则是从事可证明性论证。这就是康德在第2版导言中所作论述的全部内涵,……虽然我们的全部知识都从经验开始,但并不能得出结论说他们就是从经验中产生的。"[7]为此康德很是自负,提出了"人为自然立法"的口号,当他认为的知性能为自然立法成立的时候,则他完成了所谓哲学上的"哥白尼革命"。这是康德能知的第一个方面。

但康德心目中还有另一个神圣的观念:道德自由。即意志自由是否可能,又是如何产生的?否则人仅仅知道自然界真实的知识,若没有精神世界形而上的配合,人只能是被动的、机械的,也难免又会堕入动物类的。不解决这一难题,也是让人无法安眠入睡的。

康德在讨论纯粹理性活动的时候,尤其是提出先验的纯粹形式——"时空"观的时候,预先"悬设"了"物自体"这个概念。

"物自体"于康德而言是不可知的，无论是经验的归纳，还是纯形式分析的判断，理性的纯粹知识对此一无所知，摸不到事物本体的任何蛛丝马迹。但康德相信，经验世界的种种现象不是无中生有的，背后一定有一个"物质的本体"即"物自体"在起作用。休谟的怀疑论虽然对一切形而上学和神学理据进行了毁灭性的打击，但他有别于皮罗的"极端怀疑论"。他承认自己是属于"温和怀疑论"者，即怀疑只是为了追求确定知识的手段，怀疑一旦到达不容置疑的地步就会终止。其目的不是从根本上抛弃知识，否定理性，而是为了防止宗教迷信和狂热表现。因此对于无法证明的东西如"本体论"、"上帝"、"绝对自由"、"灵魂不死"只是怀疑以前的独断言论，并不是彻底将其埋藏，只是存疑在此。康德学说的中心点就是要限制休谟的怀疑论，正如他所说的，如果休谟对于知识之可能性的否定是正确的，那将是一个"丑闻"。但即使通过纯粹理性，携带全部范畴，建立了必然性的知识，但对于超感官的事物，与意识形态相分离的，不能被感官所能把握到，而没有任何一个范畴施加其上的"物自体"的概念，既无法想象，也无法认识。"它必将形成一个压制性的概念：它对进行认知的心灵说：这里是你的极限，你不可以僭越，这里是你的管辖权终止之处。你只能认识现象；而非现象界、本体界、心智可理解的领域是你不可企及的。"[8]康德决不想重蹈理性独断说的覆辙，重犯那些不证自明的错误，于是将纯粹理性限制了活动界线。但明眼人都可以看到，康德是悬设了"物自体"这个概念，则有其背景和目的。背景是所谓现象，是因为物自体而形成的现象；目的是虽不能证明，但却相信如自由意志、灵魂不朽和上帝存在等类似这些东西存在。即他说的："我不得不悬置知识，以便给信仰腾出位置。"可见，在康德哲学十年的构思中，如何建立起必然知识的科学体系及重建信仰之域是胸有成竹，并早已谋划好了的。

（二）康德的"我们应该做些什么"图景

康德的目标首先要反对"怀疑论者"休谟，我们可以在物理数学中拥有先验知识；其次，他又反对莱布尼茨——沃尔夫式的"独断论者"，我们不可能在形而上学中拥有关于超感官事物的知识，这种意义上的形而上学是伪科学。但因为他坚信现象背后又有本质性的东西的存在，因此又是一个"半形而上学主义者"。"在好几种意义上，他又认为形而上学是可能的：（1）作为一种对于知识理论的研究；（2）作为关于自然之形式与规律的绝对知识；（3）作为意志之形式或规律的绝对知识，比如道德哲学；（4）作为建立在道德法则之上的精神世界的知识；（5）作为拥有某种程度的概然性的宇宙的假设。……因此，上帝将是最高的'观念'，最高的统一体，是包容其他一切事物的绝对全体。然而这样的'观念'是超验的，超越了经验；它永远不能在经验意义上被实现或例证。因此，我们永远无法以影像的方式来表象绝对'全体'的'观念'；这是一个无解的问题。但这些观念作为知性的向导还是有其价值和用途的；它们在追求知识的道路上引导其前行；用康德的话说，它们是规范性的，而不是构成性的。"[9]从前哲学对上帝存在的证明有三类：

一类是物理——神学的证明；另一类是宇宙论的证明；第三类是本体论的证明。康德认为三者都毫无价值，他拒绝本体论的证明：关于一个包含所有的实在的存在者的观念并不意味着它存在。我们不能从一个随意的观念中编造出与之相应的客体的存在。在宇宙论证明中，我们从关于所有可能的经验的（世界或宇宙）观念中推论出必然存在者的存在。上帝自身就可以被构想为这样一种存在者。这种论证是从偶然性到必然原因。这样的推论在现象世界之外没有意义，但在宇宙论证明中，它被用来超越经验，但这是不允许的。物理——神学的证明从自然和现实世界的秩序中推论出"至高无上的存在者"的存在，这同样不能成功。虽然这一证明最为古老，似乎也最为清晰，多与人类理性相契合，但没有办法得证其绝对的确定性，更何况自然界同样存在着不完善的、不确定的一面，用同样的推论可以得到相反的结果。而充足的理由律的原因在经验世界里是无法找到所有的原因。尤其在经验领域之外，不能使用因果律。因此，这三种古老的证明方式的失败是不言而喻的。

感性自然不能获得的这些本体论证，但因为人是有理性自由的，即可以通过实践理性来获得对上帝存在的认识，这就是意志的法则。自由意志存在的依据正是本身不可知的"物自体"的自由，这一自由构成了"有一言能终身行之"的道德律，它属于人的本体的自在之物，是由意志来坚持自身前后一贯性和普遍必然性（而不受外来感性条件束缚）。这样的道德总是在每个人心中发布"应当"命令，即使一个人做了不道德的事，也同样会知道这是不道德的，因而感到惭愧，尤如王阳明所讲的"良知"，于是生起对道德律的尊重，并将道德律作为个人选择的行为准则。当个人奔着"至善"的道德不停演进时，似乎在心中呈现了全能、全知、全善的上帝形象，因此，当"上帝存在、灵魂不朽"即使是"悬设"而存在，也能给人以灯塔的导航作用，以让自由意志趋向德性生活和幸福生活。人的一生总是希望任何道德行为都获得与之相配的幸福，但作为现实的人，同时受到感性自然的必然律制约，虽有理性自由的动因，二方面的作用让人此生无法做到"福德"完全相配一致。那么，设定灵魂不朽和上帝存在为完成福德相配一致的至善成为最好的实践原则。

"绝对命令"是康德道德学说从实践理性出发的又一纯粹结果。这一重要特点就是普遍必然的合法则性，但自然法则和行动的法则应该有所不同。自然法则是自然过程按照"必然法则"而运作；而理性实践者因为有意志自由，在按必然的法则活动的时候，有一个合乎"目的性"的需求，因而纯粹实践理性的"绝对命令"，其唯一条件就是实践理性本身，即要保证理性的实践运用本身的逻辑一贯性。换言之，这个命令被表述为："你要仅仅按照你同时也能够愿意它成为一条普通法则的那个准则去行动。"[10]在这里，"愿意"的（主观）"准则"能够成为一条客观的普遍"法则"，表明意志是按照逻辑上的"不矛盾律"而维持自身的始终一贯，因而是出于理性本性的，这就内涵着在一切道德行为中的"道德律"。康德所以希望我们能做的，就是这样因为"绝对命令"所能实现的道德"自律"，同时也符合普遍的必然的法则。

（三）康德的"我们可以希望些什么"的回答

康德批判哲学中所要解决的是两大对立原则，即自然的原则和人的原则，也就是我们题目强调的必然性与自由性的对立。"康德眼中的自然还是机械力学的自然，其中虽然有自我意识的主体能动作用，但没有人的自由意志、道德和宗教存身的余地；康德眼中的人真正说来则是纯粹道德实践的人，他可以不为自然规律所动而遵从另一套规律，由此体现出他的自由本体。但康德又认为这两方面都是同一理性在两个不同的领域即认识和实践中的运用，认识方面只涉及现象，实践方面则涉及自在之物。现象虽然也是由理性（知性）建立起来的，但理性在这里离不开感性经验的运用，而且归根到底是由感性（欲望、爱好、本能等）所支配的；只有人的本体才在人的意志中体现出真正独立的'纯粹理性'，即纯粹实践理性，它超越于一切感性之上而对人发布无条件的命令，不管人是否现实地接受并将它在现象中实现出来，都无损于它的尊严。所以同一理性在现象界为自然立法，在本体界则为人自身立法。在这种意义上，实践理性比起理论理性来更纯粹、更配得上称作'纯粹理性'，它完全摆脱了感性的束缚；而理论理性其实只是知性，是不能脱离感性经验的运用的。"[11]因此，实践理性高于理论理性，又纯粹实践理性高于一般实践理性，原因是纯粹实践理性直接与自由的本体打交道，实现道德如何可能的问题。作为这样的认知，则我们自身必然有一个"自然律"的道德律，即是人人"自律"的依据。人只有遵守这样的"绝对命令"的自律性，才能希望取得有德性的生活，德性的生活又是幸福生活的基础。不管德性与幸福是否能够完全一致，但都要遵守"自然律"。这也是意志自由的实然和人作为"目的价值"的应然。故意志自律和自由保证的就是道德和幸福的生活，而往往这些完善的标准又只有在上帝那才能得到满足，人生一世实现不了的要求，可以因为是灵魂不朽而不停地靠近上帝。这就是康德所希望实现的图式。

康德以《纯粹理性批判》和《实践理性批判》阐明的认识论和道德律的先天原理，规定了自然界和自由的法则，由此产生了现象界和自在之物的巨大鸿沟。虽然说可以并行不悖，但毕竟是二律的背反与分裂，这一点他比谁都清楚，于是他以《判断力批判》为二者之间的桥梁，希望沟通自然的人服从自然因果律和自由的人服从道德律的二律合一问题，这样才能保证人作为主体的一致性。于是人的自然性与自由性在审美判断力的主观形式中得以和谐一致，于是美、崇高和艺术成为审美判断力的三个重要课题。而"不论是美的鉴赏还是崇高的鉴赏，都是借助于诸认识能力的自由协调活动而引发人的自由感以至于道德的情感，从而形成认识向道德的过渡。但审美判断毕竟不是道德，只具有象征意义，所以康德说：'美是德性的象征。'[12]"[13] 由于自在之物虽不可知而起作用，人们都有为从超感性的理性原则中去寻求终极目的，因此人都是有道德目的的。道德目的论在人心起着决定性的作用，那么人生活在世界中也总是以道德眼光和行为来对待世界，人把世界看成什么样子，这恰好说明人自身就是什么样子。总之一句话，我们可以从自然界中看见我们自己的镜像——即"道德的人"。这就是康德的希望。

二、二律论的二律背反困境与出路

意识形态将人们逼入自然的必然性与意志的自由性的二律对立世界中，具体表现为康德总结的四组关系：（1）世界在时间上有一个开端，以及世界在时间上没有开端，是永恒的；世界在空间上是有限的，以及世界在空间上是无限的；（2）物体是无限可分的，以及物体不是无限可分的，是由单纯部分或不可再分的原子构成的；（3）世界上存在着自由，以及世界上的一切事物都遵照自然规律而发生；（4）存在着一个绝对必然的"存在者"，既不在世界中，也不在世界之外作为其原因，不存在这样的存在者。四组的正题与反题都能得到证明，被康德称为二律背反。这些强辩的命题，既没有指望从经验中得到证实，也不害怕来自经验的反驳。虽然正题基于理性之必然性，但不幸的是，反题也能够为支持自己而举出令人信服和必然的根据，这让人不得不回忆起柏拉图在《巴门尼德斯篇》中巴门尼德斯与小苏格拉底的尴尬辩论。

康德以一贯的限制地盘的做法，这样解决了二律背反的困境，指出反题适用于现象界，而正题适用于本体界。费兰克·梯利在其《西方哲学史》著作中这样总结了康德处理二律背反的方法。"我们的感官知觉的时空世界在时间上没有开端，在空间上没有终极界限；

我们永远无法经验到绝对的界限；我们永远无法在时间的回溯中或是在空间的延展中停留在任何地方。但也许会存在一个非空间的世界，绝对单纯的存在者居于其中，也就是一个精神实体的世界。在一个世界中，界限是不可能的，并不能由此而得出结论说，在其他的世界中，界限也是不可能的。因为我们都知道，真实的世界可能有一个开端，也许是上帝创造了它，并因此是有界限的。虽然如此，我们还是没有权利在空间中寻求精神存在者，在超感官领域中寻求空间性的事物。

因果的二律背反也以同样的方式得到了解决。在现象序列中，一切事物都是以某种与之相似的事物为条件的，每一个结果都有一个现象方面的原因；在因果联络中不存在任何缝隙。我们的任务就是径直研究这一无穷的链条。然而，仍然可以构想，现象界的条件也有一个可理解的或本体界的条件，即现象序列之外存在着某物，它是现象界被决定者依赖的基础。我们的智力的本性决定了我们永远不可能在感觉世界中找到一个自由的原因，因此，我们不可能从经验中推出自由观念。自由是一个先验观念，因为理性是独立于经验的状况下将之创造出来的。然而，很容易看到，如果感觉世界中的一切因果关系都仅仅是自然的因果关系，那么，每一个事件都必然被其他某种事件决定，每一个行为都将是自然中的某一现象的必然的、自然的结果。否定先验自由和自发性，将会摧毁实践的或道德的自由。实践的自由预设说，尽管某事未曾发展，但它原本是应该发生的；因此，它的现象方面的原因就不具备绝对的决定性，我们的意志原本可能在独立于其自然原因的状况下使之出现，甚至于会与这些自然原因的力量和影响相反。如果先验自由是可能的，实践自由是可能的：意志就可以摆脱感性冲动的胁迫，不像动物的意志那样被必然的决定着。

以同样的方式，自由和自然的必然性也得到了调解。我们可以把现象看作是物自体所引起的，虽然本体界的原因无法被知觉到，但物自体在现象界的表象却被知觉到并被排列在一个没有断裂的因果链条之中。同一个现象，作为时空中的现象世界的组成部分来看时，将会是因果链条中的一环；作为无法感知的物自体的活动来看时，就是自由原因的行为，它独立地产生了感性世界中的结果。一方面，这一事件仅仅是自然的结果；另一方面，又是自由的结果。换言之，这个结果是一种现象，所以必须有一个经验的原因，但这个经验的原因本身都可以是非经验的原因或者理智能够把握的自由原因的一个结果，丝毫也没有破坏它与自然原因的关联。"[14]

"关于必然存在和偶然存在的二律背反，康德是这样解决的：理智拒绝视现象序列之内的任何事物为绝对自由和独立的；一切都是有条件的，也就是说，要依赖另外的某种事物。但这并不是否定序列之整体可能会依赖某种可理解的存在者，它是自由的，独立于所有的经验条件，自身就是所有那些现象之可能性的条件。我们可以把整个感性世界看成是一某种可理解的存在者的显现，这种存在者是实体，是离开了它其他一切事物均无法存在的存在者，而它自身的存在无须以其他任何事物为依托。理智没有资格因为可理解的存在者在解释现象方面无用,就认为它是不可能的。或许根本没有这样的存在者,但我们不能以我们业已发现的对于知性来说是正确的事物为依据,从而推论说是不可能的。当我们谈论现象的时候,我们必须从感性的方面来谈;但这未必就是看待事物的唯一方式。我们可以构想另外一种存在秩序,关于物自体或者非感性事物的秩序,虽然它们并不向感观显现,却是能够思想的。我们必须假设现象所依赖的超验物体,但我们无法对这样的物体有任何认知,我们所能做的只能是形成某些关于它们的观念,通过与我们使用经验概念的方式进行类比来构想它们。"[15]这是康德调和二律背反的方法与态度。既然康德并不知道"物自体"究为何物,他也极力避免重犯唯理派的独断论的错误,一方面始终承认对"物自体"不能做到任何认知,关涉到形而上学的核心概念即"自在之物",作为超经验的存在,"完全不受经验指导,而且完全依靠单纯的概念",但是理性至今还没有找到一个普遍的、必然的原则和标准,来解决这些如二律背反的各种纷争。而另一方面,康德却僭越性断言和使用"自在之物",将类如上帝存在、意志自由等纳入其中,虽然处处用了"也许"、"或然"的词语,但显然要解决这样的矛盾又不能不依靠他所悬设的"物自体"。可以讲,康德哲学的核心仍在这个被披上"物自体"外衣的上帝身上,希望通过这样的符号和语境来防止独断论者及经验主义的怀疑论者。其实,康德也不自觉地陷入了自己的反向独断论,利用悬设的、甚至是子虚乌有的"物自体"将所谓的自然必然律与道德自由律一劈为二,各自在自己的领域和地盘并肩而行。这种二元性的分离与对立既是古希腊哲学家遗留的问题，也是康德不能解决的遗憾，同时又是后来的费希物、谢林、尤其是黑格尔殚精竭虑另辟途径去试图要解决的问题。正如邓晓芒、赵林在《西方哲学史》所评价的那样："康德哲学本身所提出和面临的问题比它所解决的问题更多，尤其是他所建立的不可知论，以及现象与自在之物的二元论，使他体系中的唯心主义因素和唯物主义因素处于尖锐的矛盾对立之中。"[16]这就是康德哲学留给后人们最大的困惑及难题。

三、康德批判哲学的再批判

康德哲学以三大批判著称于世，显然他是批判哲学的高手，通过《纯粹理性批判》去审查理论理性或科学；通过《实践理性批判》去审查实践理性或道德；通过《判断力批判》去审查审美判断力或目的论判断。无非是运用理论理性正当建立起普遍的必然性的知识，即科学和数学等学科的正确性，以此来阻止经验主义怀疑论的彻底破坏作用；同时又限制唯理主义的上帝赋于一切的独断论，让实践理性通过道德律的方式自然地接近"自在之物"，从而靠近上帝。似乎，在康德这里，自然的正确的知识得以确立，信仰的大厦也搭建完成，哲学完成了它神圣的使命，到了可以休息或终结的阶段。我们说康德是自负的，自己设计的无比精巧的哲学体系犹如精制灵活的机器，自己看它无论从哪个角度都是完美的，但到了使用者手中，却漏洞百出，破绽丛生，让问题层出不穷。何以会出现如此不堪的局面，这必须从康德哲学的两个出发点去审查和批判才能找到症结所在。

当一旦对康德哲学有深刻的认识，再就可能出现的诸多矛盾来认真观待他的学说体系时，这里提出以下观点可作为对康德哲学的反向审查，同样以批判的眼光看如何破解这些难题：

（一）《纯粹理性批判》的哲学起点是所谓的具有先验性的纯粹的时空形式为基础，因为数学的产生是建立在时空观念上的。牛顿曾把时空看成客观实在，而莱布尼茨则说是物体存在的形式。中世纪时期奥古斯汀则曾说过，现在的时间无法找到。因为过去的已去，未来尚没有到来，现在不住，不知道什么样时间才是现在？而康德将时间与空间作为纯粹的先验形式，强调时间为心里的内感觉，空间为心里的外感觉，则说明时空既是形式，又是先于经验存在的。这才是康德建立理性哲学的支点，如果这个支点倒塌了，那么整个《纯粹理性批判》所建立的体系也会随之轰然倒塌。因此，我们要问康德的先验时空支点坚实可靠吗？

（二）由时空所涵容的大千世界的万事万物，如果作为经验的现象被康德所考察的话，他断言在现象的背后一定有一个"物自体"，但因为超验而不可知，也不能通过理论理性予以证明其存在。于是"物自体"成了康德的"悬设"之物，请问这样的"物自体"是否真实存在？如果这样的"物自体"确实子虚乌有，那么康德如何解释二律背反问题,《实践理性批判》中的道德律又如何成立;而"悬设"的东西未经证明又如何能够运用于实践领域,这是否又是伪科学的一个变种?

（三）康德把真正的知识定义为普遍和必然的知识。他赞同理性主义的观点,认为只有在数学和物理科学的基本假定中才存在这种知识;将宇宙论、神学和心理学囊括在内的思辨的或理性的形而上学是不可能的。但他又不是绝对的、彻底的。在好几种意义上,他又认为形而上学是可能的:"①作为一种对于知识理论的研究;②作为关于自然之形式与规律的绝对知识;③作为意志之形式或规律的绝对知识,比如道德哲学;④作为建立在道德法则之上的精神世界的知识;⑤作为拥有某种程度的概然性的宇宙的假设。"[17]这些都说明康德思想东摇西摆,拿捏不住。这当然也是康德最大的困难所在,形而上学不能在经验世界被证明和建立,但实际上又不能没有形而上学的知识,导致其学说的二元分裂状况。这显然是因为没有掌握真理,看不透世界真相造成的。常言道:"差之毫厘,失之千里",而康德这样的学说何以又能给人真理性的知识?

（四）我们再一次面对二律背反和辩证法,其正题这样陈述:依照机械规律,一切物质事物的创造都是可能的;反题是:依照机械规律,有些事物的创造是不可能的。人类的理性永远不可能通过寻找机械原因而揭示自然的目的,但康德说,被我们的反省判断所迫去把世界看成是目的性的,而感觉经验从来没有发现这样一个目的,我们无法假定一个盲目的无意识的目的,因为这将是物活论的回归，是所有自然哲学的死亡。为了解决这样的困惑，康德一定要（处于不得已的角度）悬设一个"自在之物"来解决其目的论问题。如果说康德哲学是为了阻止怀疑论的破怀性怀疑，那么其哲学体系却加剧了怀疑论的程度；如果说其是防止独断论的狂妄僭越，而自己的学说却偏偏又是另外一种独断论者。舒尔茨(G.E.Schulze)在其《埃奈西德穆》一书中，抨击了康德的批判哲学，非但没有能够消除怀疑说，反倒是令其复兴，使哲学完全停留在休谟的位置。贝克(S.Beck)在《来自被判为必然的批判哲学的一个可能观点》（1296年）一文中指出，要么以唯心主义的方式解释物自体，要么就拒绝接受物自体，否则《纯粹理性批判》就是自相矛盾的。F·H雅科比宣称《纯粹理性批判》以主观唯心主义终结，他因此拒绝接受其结论，这样一种"绝对主观性的体系"，或如他所称之为虚无主义，在他看来是无法把握终极实在的——上帝和自由。至于后来的费希特、谢林、施莱尔马赫、黑格尔等更加激烈程度的批判皆有其合理的因素。

（五）涉及康德的"知性理论"、"先验方法"，理性宇宙论及理性神学和目的论问题，则有更多可以批判的东西。如将人的同一理性划分为理论理性和实践理性，且判断有其高低之分，不知其标准为何？其理性的二分又有什么实际依据等，其最终的判断效力也是大打折扣的。为此我们不再一一枚举，只是说不合真理的哲学带给人们只能是虚妄不实的思想，很难利益自己与他人。

四、批判哲学的出路

（一）先来查审康德唯此而立哲学基础的时空观

西方哲学和科学对时空的观念，无外乎这样几种：一是以牛顿为代表的客观实际存在。二是以莱布尼茨为代表的形式。而康德则以其先验的、纯粹的形式为依据，这同样属形式的范畴，但因设定为先验存在的，似乎又有客观存在的成分。这种观点是介乎于二者之间的。四是奥古斯汀所曾探讨的：当别人不问我时间为何的时候，我似乎觉得时间是存在的；当别人追问时间时，我却找不到所谓的"现在"。这是在中世纪哲学论证上帝存在时对时间现象的追问。在古希腊哲学时期，以客观存在为观念的有之，以形式存在的观念亦有之。比如毕达哥拉斯将"数"确定为本原，无疑就是实际存在的一种。而苏格拉底、柏拉图甚至是亚里士多德都将时空看成是形式，而有其形式因的说法。似乎空间时间是人们司空见惯的，但有许多人其实并不了解时空的真相。康德洋洋洒洒的三大批判，尤其是《纯粹理性批判》，追逐的源头便是时空所能展现的纯粹秩序，这里包含着极为复杂和极其深刻的道理。可以毫不夸张地讲，弄清时间和空间真相，则必能掌握宇宙真理。

时间往往被人们想当然地分为三段：过去、现在和未来。但一但深入思考的时候，人人都会目瞪口呆，因为没有任何人能确定现在的时间的相状为何，既不能说多年、一年、一月、一日为现在，也不能确定一时、一分、一秒为现在，因为当人们能够思考动念的时候，时间已经过去。而过去的已经过去，未来的尚且没来，现在的时间如流水般而不停住，何以能找到现在、过去和未来？这种难以确定、难以把捉、难以获得的时间以无自性的方式虚妄地呈现在人们心中，其实表象是迷幻的。而这种不可能性正是佛法表述真理的方式，万法一性，所谓空性，即无自性。故《金刚经》言："过去心不可得，现在心不可得，未来心不可得。"连"不可得"亦不可得。故万法性毕竟空，性相合一，则相亦空。如果万物法体实性不可得，则必体虚相幻，那么时间更加是颠倒迷惑的显现。因此，真心寂静一如，本无时间之相，而众生因执著生住坏灭之假相，故不觉而产生时间幻相，却认为有实有的客观存在或形式存在，这都是遍计所执造成。

西方哲学曾因此讨论过，物质与空间的关系，是相对而有，认为去掉所有的物体而剩下空间是不可想象的。这是相对依存的观点。人们所能想象到的空间，只能是相对之空。比如去物而空，实际这个空是不存在的。相对之空有是对待而立，犹如上下、明暗、黑白、南北、大小等等，这些只能是对待性的"有"，此"有"也是假有，只能停留在能指所指的语言和意识层面。如迷人找"东"，"东"不可觅，东西南北是对待而立，若无"西"何方是"东"？从真如实相而言，寻"东西"了不可得，故空间方所也是虚幻的假相。时空在佛学唯识上而言，是"心不相应行法"之类，亦称衬托法，最为虚幻。在《楞严经·卷第三》上有一段比喻例证最能说明问题:"空性无形,因色显发。如室罗城去河遥处,诸刹利种及婆罗门、毗舍、首陀,兼颇罗堕、旃陀罗等,新立安居,凿井求水。出土一尺,于中则有一尺虚空。如是乃至出土一丈,中间还得一丈虚空。虚空深浅,随出多少。此空为当因土所出?因凿所有?无因自生?阿难,若夫此空,无因自生,未凿土前,何不无碍?唯见大地迥无通达。若因土出,则土出时,应见空入。若土先出无空入者,云何虚空因土而出?若无出入,则应空土元无异因。无异则同,则土出时,空何不出?若因凿出,则凿出空,应非出土。不因凿出,凿自出土,云何见空?汝更审谛,谛审谛观,凿从人手,随方运转。土因地移,如是虚空,因何所出?凿空虚实不相为用,非和非合,不应虚空,无从自出。若此虚空性圆周遍,本不动摇。当知现前地水火风,均名五大,性真圆融,皆如来藏,本无生灭。"此段经文,已开宗明义,"空性无形,因色显发。"实无众生所见之真实虚空。于俗谛言,是众缘和合而现,但于真谛言,并无是事。所谓物质及虚空,是人们迷惑造成的虚妄感觉,但如来藏性性真圆融,能随缘而现其相。虽能随缘,但其性不变,故地(指坚性)、水(指润性)、火(指炎性)、风(指动性)、空(指无碍性)是圆融周遍、不动不摇的。若悟其性,必要泯识显智才行。仅凭第六意识所对境之虚妄虚空,来建立哲学之基础,那得出的所有结论无疑是更加虚妄和谬误。

  前面我们探讨的时间和空间的虚妄性,而一切物体又似乎都呈现在时空之中,那么物体岂不也成了虚妄之相?完体正确,大千世界本无一物存在,"若见诸相非相,则见如来",就是此意。"握要言之:妄心所以为妄,在以能觉之心,对待所觉之境,心境角立,能所沟分。始焉以妄心开妄境,继焉以妄境熏妄心。妄心受熏,辄纳陈迹为种子。一遇机缘适合,又复开为对境。相开相纳,流变靡已。"[18]故众生所感之世界,由无量时间与无量空间联贯而成之幻体也。如果明了以上道理,则知康德所悬设的"物自体"也自然是不攻自破。本来没有什么所谓的"自在之物",认识真理也并不需要设计什么"物自体"。这全是虚妄执著所产生的虚幻需求,但因此却更加远离真理之路。

(二)再来审查康德所谓的现象背后之物

前面已经提到康德的"自在之物"是虚幻分别之产物。若此,康德认为自然界所现之相必有其本原即"物自体"为因才能产生,否则如何会有这样的大千世界之种种表现呢?西方哲学家的本体论研究所要寻找的皆归于此,否则无法解释大千世界之物质与精神现象。这就是佛学中的"无性缘起"之学说。种种法相(无论物质与精神)皆因种种缘力而引起。最粗浅之说曰业感缘起;更精深一层或曰赖耶缘起;再深入本源之说是真如缘起:以为一切法相皆属幻影,敛归本体,一无所有,只存真如妙理,具含无边德性。然由无相之万德何以能开出有相之万法。必欲洞明所以然,不可不知,"六大缘起"妙义。此妙义上章已有引述,此不细赘。总之,"六大者,地、水、火、风、空、识也。无边性种,融成法界总体,本来无质无量,亦无据点可得,强名真如,连带'六大'妙义。任一种性,因地大而坚固,因水大滋润而开发，因火大照灼而光辉，因风大活动而流播，因空大无碍而互容，因识大了辨而有相。"[19] 其实，任一众生，因个人业力不同，所引外境之世界也各不相同，每一众生各有对应之世界，此为哲学上所说之"具相"（亦即个相）。而因众生本有智慧受业障遮蔽不能开显，故对微细之因及微细之相不能辨别，众生相互依存，有互相传感之缘，故众生之间又有共业存在，共业缘力牵引而能同道而生，比如人道、畜生道等等。同道众生因共业之力故，又能显现共业之相，比如显现日月、山河大地等，此为同分妄见之业相，这在哲学中又被称为"共相"。人道众生所能虚幻感受的时空观念，成为色法之衬托法，又会形成数、形、文义、理路等共相观念。科学对之局部研究，哲学对之局部思量，亦能得出枝枝叶叶之因果律。故所谓科学创新与进步，成为人们认为世界之真理。而所有科学家都知道，科学上的研究发现，不过是有条件下的相对真理而已，绝无绝对真理可言。哲学家对此不能满意，便从共相之义理出发，形成各种逻辑范畴进行推理思考。能思之意识和所思之对境已经二分化，故二元矛盾对立之种种皆从此源头发生，若依此思路进行下去，永远也消除不了对立矛盾之存在。这则是二律背反的起源。又科学和哲学，总以同分妄见之共相为研究对象，无论发展到何境地，也总离不开同分妄见之半步。

五、二律论统一融合之真相

前文介绍康德的四组二律背反,并简单说明了二律背反的起源。其实四组二律背反究其实质是一样的,都是自然界体现的因果必然律与意识状态下的意志自由的矛盾。一个矛盾得到彻底解决,其他矛盾便也会迎刃而解,故一明俱明,一昧俱昧。而康德调和解决的二律背反,是划分两个地盘的做法,让自然因果律限制于自然界,自由道德律限制在自在之物的境地,并没有从根本上解决二元分离问题,其矛盾与对立在主体的心灵中难以得到敞亮和释怀。之所以有此无奈的调和,原因在于对世界真理并没有掌握。就拿其悬设的不可知的"物自体"来说,因其不可知论从根源上就已经瓦解了其哲学体系。

如果能够深入了解佛学中的"缘起性空"理论,则其矛盾可瞬间瓦解,哲学上必然出现灿烂的春天。

佛学中必讲因果论,且世间所有发生的事项都是由因到果形成的。因与果严格对应,没有丝毫的偶然性。之所以人们提出其偶然,是因为智慧不足,导致对事件的发生不知其根本原因所致。如果所有事件的发生都有相应的原因为其根据,则因果论必是完满的,这就是莱布尼茨所说的充足理由律。在自然界中,因为哲学家、科学家对科学实验及研究发明只顾其显而易见的主因,不知其他辅缘的共同作用，仅由一因致一果会导致机械论和宿命论，这是不了解因果原理的悲哀造成的。佛学中的因果论之因则不是单因成果，而是由因缘和合为结果，即亲因缘（种子）、所缘缘、增上缘、等无间缘四缘和合才能生果。佛学批判自因生、他因生、自然生及无因生，而是强调因缘和合而生。因缘又刹那不停变化，故缘生缘灭，因果同时，生、住、坏、灭一相。一相所谓无相，因缘和合，刹那生灭，故法无自性，所谓一性即空性。法因无自性故而能变化，能变即能用，故有罪祸德福之报，凡夫可修成圣贤之果。若如俗人观看物静不变或绝对空无，则成常见或断灭见，不仅破坏因果法则，同时也是破坏世界诸法，与真理相违。因此，哲学上立有不变之物如上帝是常见边，而历史上的虚无主义又是断见边，皆是极端的错误做法。

由缘生无性可知，诸法虚幻，不妨空性自由，世俗虚故不碍大自在、大自由，一切法皆由心所显现，三界唯心，万法唯识，故一切自由也是心之本性。诸法显现是为心，心所观象为境，心有所缘，境有所立，一切唯心而变，根本不存在心之自由与变境之必然对立矛盾问题。因为心境冥合为一，说境是心，说心为境，不落两边，自然中道。故《大乘起信论》云："心真如者，一法界大总相法门体。"一法界者，总法界也。可析分为三：（一）精神界，见大摄（众生世间之本）；（二）物质界，五大摄（器世间之本）；（三）幻象界，识大摄（五蕴世间之本）。识大所摄者，彰为事相（哲学上所谓所万事万物）曰"事法界"；泯归理性，曰"理法界"（非指哲学上之理性，而是事物所蕴含之理）。理起不废事，事起不违理，曰:"理事无碍法界";三世胜事同时顿起,曰"事事无碍法界"。若深达缘起性空之理,明色法当体即空之性,则于以上三法界自然会入。佛门华严宗贤首国师有十玄门论,冯达庵大阿阇黎精湛总结,可彰显缘起性空无碍之说,其大自由观由此可见:

(1) 同时具足相应门。无量分位法界(名多法界)即是一法界,不过随种种缘起而各别发见;实则未发见时,各各常住于相当法位,未尝缺一,故曰"同时具足"。如人坐一处,由种种方面分摄其影,则有种种姿态不同之相(或见正面,或见背面,或见左面,或见右面,乃至种种角度之面)。此种种姿态本来随时具足,非待次第摄影时而后次第生起,是为"事事无碍"之基本原理。

(2) 广狭自在无碍门。法界性本无体积可言,惟以智隐证其理而已。体积绝无,相自乌有;恍若有无量法相者,依识大而起之幻像耳。幻像有大有小,由多法齐现时,各随本性分量对待展开。性量大,幻像亦大;性量小,幻像亦小。真具观自在智者,性量大小能任意操纵,无所妨碍,故所成幻像亦广狭自在无碍。如观身实证三昧者,或舒自身充满十方,或缩自身等同微尘即本此理。

(3) 一多相容不同门。法界性分位妙相本来当体同住,开为幻像须依空间顺序排列,此乃识大权宜作用。以具识执者不能透视一切,须依次排列观之。若能净除识执,则自身依、正报（正报为自身，依报为所依境）所在之处，即他身依、正报所在之处。如人入定，固由人界二报出发，而定中所见，不妨兼呈天界二报，乃至佛界二报。一多法界不同，却不妨相容一处。

（4）诸法相即自在门。任何一法，其中皆摄无量法，吾人只见一法，而不能洞彻其中一切法者，分别见未除，不能开显妙、平二智耳。譬如一杯，其中可观一瓶，可观一花，可观一鸟，乃至其他一切情、非情相。真得事事无碍三昧者，不妨即杯即瓶即花即鸟乃至一切法，皆自在无碍。

（5）隐密显了俱成门。众所共见之相，能瞬间隐藏秘密若忽灭焉。众所不见之相，能瞬间显发明了若忽生焉。得事事无碍三昧者，操纵事法界之隐显，俱可成就。无漏圣者入三昧，或见东起西没，或见西起东没，乃至入地无碍，入火不焚，皆此用之行也。

（6）微细相容安立门。须弥纳芥子，人所共喻；芥子纳须弥，人所难明。前者顺世谛，后者违世谛故。既于世谛相违，如何安立其事？则据（2）条广狭自在原理也。须弥所以大，所依性量大耳；芥子所以小，所依性量小耳。以观自在智，缩须弥性量小于芥子性量，幻像依之，遂呈"芥子纳须弥"之奇观。一毛孔中能含无量佛刹，其理同。

（7）因陀罗网法界门。因陀罗者，帝释之号也。帝释宝网之珠互相返照，显出重重无尽庄严境界。会得事事无碍法界而更深入者，能推广前条微细相容之理，一微尘里得现无边佛刹；而无边佛刹中，一一微尘复各现无边佛刹。如是重重推进，亦无穷尽。此借帝网以衬"事事无碍"之极致也。

（8）托事显法生解门。华严境界不可思议，然由事相反推法理，未尝不得真解。以"诸法相即自在"言之，一切法既能同时同处齐现，则不惟幻象全虚，其所依之一切法性，亦必绝对无体质乃得。盖有体质则必有容积，有容积则彼此相妨，如何能并置一处？既绝对无体质，斯名极无自性（此名见《大日经》）。会得极无自性心，上文诸理，无不迎刃而解。

（9）十世隔法异成门。事事无碍，非惟于空间见之，时间亦然。时别三世：曰现在、曰过去、曰未来；而三世又各摄三世（如过去世说过去事、过去世说现在事、过去世说未来事，是为过去三世。余二世准此），共成九世。合九为总，亦属世之法数，故称十世（见《华严经》五三）。此皆心不相应法所成识之分位也。能泯积习，则九世事迹，虽异时相隔，能顿归一念总世，同时并呈，不相妨碍。

（10）主伴圆明具德门。事事无碍法界，既不受时空阔隔，故一念所显一切法无遗。而此无量法同时同处兴起，必有主、伴之分。任以一法性为主，余皆为伴，辄成帝网法界奇观。如一佛据中台说法，其他一切佛皆重重围绕作伴，主、伴诸佛又各有菩萨等无量眷属，菩萨等又各有其眷属，一切眷属复各有其眷属，重重无尽，各表一种德性圆具众德。托为事相，即成轮坛（此名见密教）。[20]

今之哲学探讨二律论，实与真理实相法门相差甚远，一般哲学家因所知障故不能深入缘起性空之理，对此大自在之奇观境像或为疑惑，或全不信，皆因智慧不及所致。若哲学为真智慧之代名词，则善于追求智慧真理者总不愿迷于世法，以致骄傲自大，裹足不前也。望能以此"十玄门"之事之理而探究大道尔，则哲学之深意会再现目前。

注释：

[1] 莱布尼茨著，陈修斋译：《人类理智新论》，商务印书馆，1982年版，第10页。
[2] 康德著，邓晓芒译，杨祖陶校：《实践理性批判》，人民出版社，2003年版，第220页。
[3] 弗兰克·梯利著，贾辰阳、解本远译：《西方哲学史》，光明日报社，第384页。
[4] 文德尔班著，罗仁达译：《哲学史教程》，商务出版社，1993年第1版，第730页。
[5] 赵敦华：《西方哲学简史》，北京大学出版社，2001年版，第284页。
[6] 弗兰克·梯利著，贾辰阳、解本远译：《西方哲学史》，光明日报社，第386页。
[7] 弗兰克·梯利著，贾辰阳、解本远译：《西方哲学史》，光明日报社，第388页。
[8] 弗兰克·梯利著，贾辰阳、解本远译：《西方哲学史》，光明日报社，第397页。
[9] 弗兰克·梯利著，贾辰阳、解本远译：《西方哲学史》，光明日报社，第399页。
[10] 康德著，杨云飞译：《道德形而上学奠基》，人民出版社，2013年版，第52页。
[11] 邓晓芝、赵林：《西方哲学史》，高等教育出版社，2014年第2版，第217-218页。

[12] 康德著, 邓晓芒译, 杨祖陶校:《判断力批判》, 人民出版社, 2002年版, 第200页。
[13] 邓晓芝、赵林:《西方哲学史》, 高等教育出版社, 2014年第2版, 第227页。
[14] 弗兰克·梯利著, 贾辰阳、解本远译:《西方哲学史》, 光明日报社, 第401-402页。
[15] 弗兰克·梯利著, 贾辰阳、解本远译:《西方哲学史》, 光明日报社, 第403页。
[16] 邓晓芝、赵林:《西方哲学史》, 高等教育出版社, 2014年第2版, 第231页。
[17] 弗兰克·梯利著, 贾辰阳、解本远译:《西方哲学史》, 光明日报社, 第398页。
[18] 冯达庵大阿阇黎:《佛法要论》, 宗教文化出版社, 2015年版, 第49-50页。
[19] 冯达庵大阿阇黎:《佛法要论》, 宗教文化出版社, 2015年版, 第172-173页。(注:六大之义, 极为精微;地水火风诸名, 只随俗谛借用之;直须会其本性乃得。若执六尘上之地水火风作为万法缘起之原, 即落外道见解, 反不若科学家分析之详矣。)
[20] 冯达庵大阿阇黎:《佛法要论》, 宗教文化出版社, 2015年版, 第143-146页。

第十章　逻辑学中的困惑
——因明论

研究哲学不能绕开或忽视逻辑学，因为它是认识真理的一种手段。但因人文环境的差异，形成了中西方哲学对逻辑学有不同的认识。西方哲学中的逻辑学与佛教逻辑之共通性与差异性可经过比较来进一步加深理解和认识。

一、西方逻辑学中的几个关键

逻辑学在西方哲学中无疑是一门显学。虽然在亚里士多德以前哲学家中有其许多影子（见杨百顺著的《西方逻辑史》），但真正成为系统的形式逻辑应肇始于亚氏本人，故亚氏又被称为形式逻辑的奠基人。亚里士多德创建了范畴表和谓词表，提出了逻辑思维的三大规律，即同一律、矛盾律、排中律。确定了判断的定义和分类，制定了演绎三段论推理的主要格式和规则，并且说明了演绎与归纳的关系。他不仅把范畴当作逻辑思维和语言表达的基本单位，同时也把它看作客观存在的最基本的形式和最普遍的联系。

亚里士多德提倡逻辑推理,不是为了逻辑而发展逻辑学,而是为了科学地认识事物的本质,寻求真理。因此,逻辑学是认识真理的手段。表现于经验中,有演绎和归纳两种,提出了演绎三段论和归纳三段论。他尤为注重和提倡演绎三段论的推理法则,让逻辑形式具有精密量化的特质。而归纳三段论因为无法穷尽事物的原因,则知识的真实性就不如演绎三段论来得准确。但无论是演绎三段论,还是归纳三段论,能否得出真理,还取决于大小前提的真实性。演绎三段论推理只考虑是从已知的知识推出正确的结论,因而只是"证明",如数学的公理、公式证明一样。但归纳三段论却是通过对感性知觉的处理来获得真实的前提,以便为一切学术研究建立可靠的基础。"如果没有感性知觉,就必然缺乏知识;假如我们不善于应用归纳法或证明,就不能获得知识。证明从一般出发,归纳从个别出发,要认识一般,如没有归纳法是不可能的。"[1]但即使如此,也难以保证其大小前提的真实性。于是,有了专门辩证的三段论式,通过两个截然相反的三段论互相辩难来推翻对方的前提以此考验三段论前提的真实性。为此,亚里士多德又追溯到三条公理,即矛盾律:"互相矛盾的判断不能同时为真";排中律:"两个互相矛盾的命题之间不能有居中者";同一律:"一切真实的(事物)必在任何方面其自身始终如一"。[2]他认为这些公理是凭直观即可确认的,用不着证明。这就是形式逻辑的最高原则。

哲学发展到康德时期,在判断理论上对其产生了巨大影响。因康德的"先验观念"的存在，提出了"逻辑的先验性"，并将亚里士多德传统的形式逻辑改造成：量的判断表现为全称判断、特称判断和单称判断；质的判断表现为肯定判断、否定判断和不定判断；关系判断表现为直言判断、假言判断和选言判断；样式的判断表现为或然判断、实然判断和必然判断。康德又根据判断形式与知性形式的对应关系，推导出以下"十二范畴"。

量的判断	质的判断	关系的判断	样式的判断
全称判断	肯定判断	直言判断	或然判断
特称判断	否定判断	假言判断	突然判断
单称判断	不定判断	选言判断	必然判断

⬇

量的范畴	质的范畴	关系的范畴	样式的范畴
统一	实在	实体与属性	可能与不可能
多样	否定	原因与结果	存在与非存在
整体	限制	作用与反作用	必然或偶然

"康德认为，从判断表到范畴表的形而上学演绎系统地、完整地列举出知性范畴的名称和数目。他说：知性范畴是形式，是先天的、纯粹的，不能从经验中得到的，不能用归纳来推导范畴，那样只能枚举出孤立的、零星的、不完整的范畴。他还指出，知性范畴只与

逻辑判断的形式有关，而与判断的内容无关。从逻辑判断的形式推导出知性范畴，保证了推导出的范畴的纯粹性和完整性。

在西方哲学史上，康德继亚里士多德之后系统地列举出范畴的名称和数目。但康德所说的范畴与亚里士多德的范畴不同。后者是对经验的概括，不是通过逻辑的方法推导出来的。康德批评亚里士多德没有认识到范畴与判断形式之间的必然联系，用简单枚举法罗列范畴的数量。他利用亚里士多德逻辑体系的判断表，从中严格地推导出一个范畴系统，这是他的高明之处。康德看到了形式逻辑的功能与人的认识根源有关，把形式逻辑引入认识论，把逻辑的形式与认识的形式结合在一起。正是在此意义上，他把自己的知性理论称为先验逻辑，这与传统的形式逻辑密切相关，但又较之为更加深入的认识逻辑。从康德开始，德国古典哲学家越来越注重逻辑的认识功能和实在基础，黑格尔的逻辑学就是这一发展方向的最高成果。"[3]

二、黑格尔的逻辑学及其目的性

亚里士多德一边借助形式逻辑的归纳和演绎来认识世界，一边又批判柏拉图的"理念论"与经验世界的分离问题，但他同样没有解决二者的统一。例如康德提出的四个二律背反，如果在亚里士多德那得到了圆满地解决，那么西方哲学可以讲是完满的终结了。但事实不是如此。再如康德批评别的哲学家的同时，他自己所悬设的"物自体"的自由与经验世界的必然仍被相反的二律关系牢牢地限制着，用辩证的三段论的方式，都能由正题一方推翻反题，也能由反题一方推翻正题，且理由都是符合逻辑的。这个裂痕在康德这不但没有消失，反而在加深。因此，康德只能说，知性范畴用于"自在之物"是错误的，它只能运用于现象界，否则混淆起来就会产生二律背反的幻相。因此，凡用形式逻辑证明"自在之物"的是一种僭越，这不是知性范畴的地盘。这个问题一直沿续到了黑格尔这里。

黑格尔有两个强有力的渴望：一个是渴望与自然的统一，与他人的统一，以及与作为表现的存在的要求的人自身的统一；另一个渴望是在康德和费希特那里达到道德的自主性。于是黑格尔的做法是，认同谢林从主体和客体的绝对同一出发，但却反对靠非理性的直观来理解其能动性，而必然要通过理性和逻辑。不过不是传统的形式逻辑，而是能动的内容的逻辑，即辩证性的逻辑来解决问题。这种逻辑最本质的特点就是概念的自我否定性及由此导致的差别的内在发生。简言之，就是将辩证法的三段论正题（肯定）、反题（否定）、合题（否定之否定）运用于逻辑之中，将逻辑学与辩证法有机结合起来，来解释世界发生的一切现象，其中包括自然哲学、精神哲学、历史哲学、艺术哲学、宗教哲学等等。这构成了黑格尔庞大的、百科全书式的哲学体系，而且他也自认为是完整的、有机的、统一的哲学体系。

"黑格尔的逻辑学作为他整个哲学的大纲，是黑格尔哲学中最具重要意义的部分，也是黑格尔的方法论即辩证法的集中体现。黑格尔辩证法的最重要的特点是一种能动性的思想，这个在他的《精神现象学》里面已经有过说明，即：'一切问题的关键在于：不仅把真实的东西或真理理解和表述为实体，而且同样理解和表达为主体。'[4] 在逻辑学中，真正的实体就是范畴，所以关键就在于要把范畴理解为主体。主体就是能动性、主动性，范畴是能动的，既然范畴是万物的本质，那么宇宙万物都是能动的。黑格尔是第一个把万物的能动性纳入到一种逻辑规律中的哲学家。但这种逻辑规律是关系内容的逻辑，因此它是逻辑、认识论、本体论的'三统一'"[5] 由此可见黑格尔《逻辑学》在其整个哲学的份量和地位。如果其他哲学家能够完整地理解他的逻辑学思想，则对他的《哲学百科全书》就是可以理解的或者是一目了然。反之，若对他的《逻辑学》不能理解，甚至怀疑和反对，则对其哲学体系也会是晦暗和不明的。因此，《逻辑学》是进入黑格尔哲学体系至关重要的一把钥匙，否则，无法涉入他的哲学体系。

有人把黑格尔的逻辑学体系形象地比喻成不同的"圆圈"。正如赵敦华先生在《西方哲学简史》中所评介的："（黑格尔）逻辑学中的所有范畴都被组织在正反合的形式之中，构成了大大小小的辩证环节，这些环节环环相扣，层层上升，形成了正反合的大大小小的圆圈。逻辑学的三个大圆圈依次为存在论、本质论和概念论。每一个又分别由三个较小的圆圈构成，每一个较小圆圈再由更小圆圈构成，如此层层相依，构成了数量不等的几个层次。"[6] 就拿其中三个大圆圈的"存在论"、"本质论"和"概念论"来说：存在论是由直接性的概念组成，本质论是反思性的概念组成。如果存在论是正题，直接性的概念即是肯定的前提，则本质论就是反题，是反思性的即否定性的概念。到了概念论就是存在与本质的合题了。而概念是思辨着的存在，从一个概念到另一个概念进行思辨性的发展，来不断地深化存在和本质的内涵。其他大大小小的圆圈都可以套入这样的逻辑形式中进行扮演推进，从而完成从没有任何规定性的"纯有"开始，到汇集于合题真理的绝对理念为止，让存在的本质在辩证运动中否定自身、完成自身，最后实现自身。让精神现象与自然现象达到完善的统一。而最高范畴的统一便是绝对精神，即上帝自身之中。也就是说，上帝从纯有开始，异化自身，发展为自然界和精神界，经过否定之否定，又回归到上帝自己的绝对精神实体之中。似乎上帝是一个会变魔术的魔术师，为人类的幻觉开了一次又一次玩笑，最后收起幻术，而漂亮转身离场。人类在这样的正反合的辩证运动中来认识自身，清醒后再去追逐寻找上帝，完成从低级到高级的圆圈运动即可。至于黑格尔《逻辑学》其他小圆圈，学者可以根据兴趣去学习和研究，我们在此略过不述。

三、黑格尔因《逻辑学》而产生的问题

黑格尔逻辑学的实质是将正反合的辩证法纳入到逻辑三段论中，按照同一律和矛盾律进行推演，必然形成以下几个逻辑结论：

（一）存在论是逻辑起点，而纯有又是存在的质的起点。纯有又表现为最普通同时也是最简单、最直接、最抽象的。实际上这不仅是一个概念，其概念中包含了由简单到复杂，由"一到多"的所有含义，因为辩证逻辑既能架设这个桥梁，也是实现最终目的之手段。这个"纯有"犹如康德的"自在之物"，康德认为不可知，不可证明，不能把捉。而黑格尔直接用概念将其规定下来，实际已将"上帝"这个概念在其"纯有"上予以了肯定，为其哲学的体系打下了伏笔。但这个"纯有"又纯粹是概念性的，难道真的存在这个"纯有"吗？如果确是虚构的概念，那么黑格尔的整个哲学大厦都会坍塌的，因为基础点并不存在，而实际情况也是这样，黑格尔哲学体系崩溃如此之快就是因为如此。

（二）由正反合的辩证逻辑演绎上去，否定不是全盘否定，而是"扬弃"，而否定之否定又是对"异化"之物的"扬弃"，那么肯定是一个螺旋上升的过程。这样的逻辑肯定预示着自然界是有目的的，其运动现实也必然是螺旋上升的。精神界更是如此，因为自然界只是自我意识异化的产物，那么客观精神也辩证的上升，最后直指上帝，成为绝对精神。这个圆圈虽说首尾相接，漂亮成圆，但也只是上帝造一个最圆满的世界的宗教说教的翻版而已。这些已是中世纪古老的提法，并没有什么新的内容。只是用《逻辑学》来障人眼目而已。

（三）将肯定、否定、否定之否定用于现象界的一切事物，则必然是，将矛盾推入到最本质性的领域之中，由此矛盾使杂多处于相互否定的位置，形成自身的运动，而矛盾就成了否定的原则，同时也成了肯定原则。矛盾变成了实存的根据。其矛盾着的事物就有了对立统一规律。若矛盾如此根本和重要，那黑格尔设计的再漂亮完美的圆圈也会被打破，上帝这样的完美绝对精神决不可能绝对完美，因为矛盾才是上帝的本质，这是多么自相矛盾的荒谬的逻辑。

（四）自亚里士多德至康德，尚能肯定形式逻辑的合理性，认为同一律、排中律、矛盾律（实际是指非矛盾的命题才是真实的）是认识真理的规律。不可能有相互矛盾冲突的双方依存在真理之中。黑格尔却反其道而行之，恰恰将矛盾提高到本质原则的最高位置，诡辩地宣称矛盾既是否定的原则，又是肯定的原则，统一于所有事物之中，形成对立统一规律，而这样的规律如今被视为真理，由此可见意识上的荒谬和哲学上的错误。真若如此，那所谓同一律、排中律和非矛盾律就只是认识论上的摆设了。之所以有如此错误的结论被传播，甚至被接受和使用，皆是因为不解宇宙现象所造成的迷惑。于是，黑格尔运用这样的逻辑学必然产生如下与事实相背的错误：

（1）黑格尔的自然哲学中的许多论断和以后发生的科学理论大相违背。通过概念为自然现象所下的定义，结果不但是主观臆造，而且是荒谬可笑的，为此遭到了许多科学家非议、批评和反感。而哲学家哲学思想是否正确，是否能正确运用到人们的日常生活，则科学结论是检验其哲学思想是否是真理的最好试金石。黑格尔的《自然哲学》中的错误如此之多，说明他的哲学思想体系（包括逻辑学）基本上是错误的，与物质现象界如此，与精神现象界更是如此，这样的哲学思想可以讲没有多大价值。

（2）在《历史哲学》中，黑格尔将世界历史划分为自由意识低的国家和自由意识高的国家，依黑格尔的杜撰自我意识来评判，将中国、印度、波斯、埃及这些东方国家放在最低层次，然后是希腊、罗马，最后是最高的日耳曼国家，拥有"一切人是自由的"的意识，且预言人们会实现"人人自由"，世界历史才开始实现自己的最终的目的。这是多么狂妄和自负的论断，而这些论断来源于哲学家逻辑体系的推演，由此可见黑格尔的《逻辑学》的错误及认识世界的谬误。

（3）由于黑格尔更看重事物矛盾的原则，在道德哲学和伦理学中，他提出："凡是合乎理性的东西都是现实的；凡是现实的东西都是合乎理性的。"[7]有时主张恶比善更是推动世界发展的动力，认为国际上遵行的弱肉强食的原则，且最终诉之于战争，是一种隐秘法则在起支配作用，这种法则当然是矛盾的法则。因此黑格尔于其哲学中不屑于谈论道德，仅将道德看成是一种法，是一种法外化成"应当"的东西。弗兰克·梯利依着黑格尔的逻辑哲学总结道："不同的民族和伟大的历史人物是宇宙理性实现自身的目的的工具：每个民族在神圣演进中都有其要履行的使命，并且只有从世界历史总体发展的角度看才能够被理解。当一个民族实现了其存在的目的，它就被更具活力的民族所取代。一个民族对另一个民族的征服说明，失败民族所代表的理念比胜利民族所代表的理念低劣：在此特殊意义上，强权即公理，物质力量和理性正义是一致的。战争，就其是观念之战争而言，都是合理的，因为黑格尔假定强者的事业会击败弱者事业，人类的进步通过物质的道德的冲突前行。世界历史代表着意识形态的斗争，在这种斗争中，具有辩证优越性的民族取得胜利。"[8]黑格尔的逻辑哲学不仅会得出这样耸人听闻的哲学结果，同时会为战争推动者作合理的辩护，德国一度成为纳粹好战的国家也是这样的哲学背景造成的。上帝强制世人，也有其这样的逻辑蕴含其中，这又是黑格尔哲学的荒谬和错误的见证。

　　黑格尔在历史哲学中，说了一些非常实在的话，历史上的哲学家们建立了一个个哲学体系，每一个哲学体系都声称发现了最高的真理，但又被后来的体系所取代。黑格尔对此形象地比喻，如果哲学史只是纷争意见的堆砌，那么全部的哲学史就成了死人的王国，那里充满着已经被推翻了的哲学体系的骸骨。而黑格尔自己，又把历史上所有的哲学体系纳入自己设计体系的每一环节，从而建立了所谓集大成的又一个哲学体系，声称他已穷尽了一切哲学真理，达到了绝对真理，正如普鲁士王国终结了世界历史一样，黑格尔也似乎终结了哲学的历史，这是西方哲学今天所能呈现给世人的面目。与其说黑格尔终结了的历史哲学，倒不如说因为他抱定不放的辩证法的否定原则，让其自信的哲学体系走向他所理想的反面，最终也会被矛盾的哲学予以无情的否定，至此，黑格尔也只是在原有的哲学体系白骨中再增加一具尸体而已。

　　但若真实了解逻辑学的本质，合理正确使用逻辑学这个工具，还不得不参照佛学中的《因明学》，因为佛学中的因明学有其类似西方哲学的逻辑思维，但其运用及使用范围有更严格的界定。以下介绍因明学问，以备喜爱逻辑研究的学者做以正确的比较。

四、佛教逻辑学（因明学说）

（一）佛教因明学源流略探：

佛学以精微广大著闻于世，其原始佛教经典中多有逻辑即因明方面的学问，只是散见于众多经典之中。窥基大师于《因明正理论疏》中说："因明论者，源唯佛说，文广义散，备在众经。"[9] 唐开元寺道邑著《义范》中讲："如《涅槃经》破十外道，具宗、因、喻，因明正破。"[10] 正法五百年后，渐入像法时期，有马鸣、龙树、无著三大学系相继出兴于印度，为大乘佛法渐次发达之特征。古印度庞大的佛学体系中，有闻名遐迩的五部大论：即《戒律论》《俱舍论》《中观论》《因明论》和《般若论》。其中：戒律是指所有善的教育，从起心动念、一言一行，无不是止恶扬善，此为戒律学；俱舍论，涵摄了生物学、天文学、地理学等丰富的自然知识；中观和般若，是对物质世界和精神世界的本质加以探索的正见知识。中观以确定宏观世界为主，般若以研究微观世界为主。而龙树菩萨是中观甚深见派的创始人，素有百部论主之称，其所著的《大智度论》一百卷是解释佛陀宣说的《大般若经》，内容从微观到宏观，从现象到本质，从世俗谛到胜义谛，博大精深，无所不包。在其《中论》《回诤论》《六十正理论》中已广用因明正理来摧破外道邪知邪见，以显扬圣教之说，但未将因明学形成系统的学问。当然那时的佛学环境与学派也不需如此要求。至后来的无著、世亲二菩萨创建的唯识广大行派，其中涉及诸多法相及识心与对境的能识所识、能依所依的各种关系，才出现世亲菩萨弟子陈那论师专门研究系统化佛教因明学论。著有《正理门论》《入正理论》《观所缘缘论》《集量论》《集量论释》《观所缘缘论释》《因轮抉择论》《观三时论》等因明八论。后传至法称论师。为解释陈那论师的因明学，法称论师又著《释量论》《量抉择论》《正理滴论》《因滴论》《观相属论》《成他相续论》《诤正理论》等七部因明学论，被后人称为《因明七论》。故陈那论师和法称论师被褒美为"六大庄严"论师（中观派的龙树及圣天；瑜伽派的无著与世亲；因明派的陈那和法称）。至此印度佛教因明学已臻至完备。

　　中国佛教因明学的源流为两大分支：一是由玄奘大师开其端的汉传因明；二是由藏地从印度传承来的藏传因明，其观点皆是陈那论师和法称论师的因明学说。

　　玄奘大师在公元629年，由长安西行，长途跋涉，历尽千辛万苦，至天竺，入那烂陀寺，依止硕德戒贤论师学习佛学和因明。于公元645年学成后载誉而归，并携带梵本经卷六百五十七部，其中因明论三十六部。所译的因明论著中有陈那论师的《因明正理门论》、商羯罗主的《因明入正理论》等。后其弟子窥基大师根据印度因明学撰写出了《因明正理门论》，被后人称为《因明大疏》。窥基大师弟子慧沼承师说著有《因明纂要》一卷、《因明入正理论》一卷、《因明入正理论续疏》二卷等，又后来的智周、如理、道邑等也写了很多因明著作，开启了汉传佛教因明学蔚为大观的灿烂图景。

唐以后随法相宗的衰微，因明学也日渐衰落，直到晚清有杨文会、章炳麟等居士重视，从日本购进一些因明学本后，因明又有了复苏的景象。当代又有熊十力的《因明大疏删注》、吕澂著的《因明纲要》、许地山著《陈那以前中观派与瑜伽派之因明》、王季同著《因明入正理论摸象》、史一如著《因明入正理论讲义》、陈望道著《因明学》、虞愚著《因明学》《因明学发凡》、熊绍坤著《因明之研究》、达方著《哲学新因明论》等等[11]，让因明学在中国成了第二个故乡。

尤其是藏传因明学更是兴盛，藏传佛教各宗各派承袭那烂陀寺之辩风，大德高僧研究因明学者颇多，而成就不一，是藏地宏扬五部大论的必要课程。可以讲藏学因明因信仰故，不同于近代汉学者只是研究，而是切近传承陈那和法称二大论师因明学的真髓，同玄奘和窥基二大师一样，不仅仅停留在言说之上，而是辨明因由，显正摧邪，实地行持，为证菩提，这才是因明学的真实要义。因本文主旨不在此处，故不累赘介绍。但从另一角度而言，无论是汉传因明，还是藏传之因明；或者汉地《大藏经》，藏地之经藏与论藏，都是中国佛教文化宝库的文明成果，故中国代替印度成为世界佛教总汇实名副其实。

（二）佛教因明（逻辑）学之旨趣：

佛教因明学为何又称为逻辑学？

众所周知，"逻辑"一词源于古希腊哲学中的"逻各斯"，即Logos。汉语的"逻辑"是英语Logic的直译。而"逻各斯"原义指理性、规则、规律、秩序、推理、思维、命题、论证等。中国旧时称"论理学"、"理则学"、"名学"或"辩学"。而现代汉语解释逻辑包含以下四种定义：①客观事物相互联系和发展的规律性；②人们思维的规律、规则；③某种特殊的理论、观点或者看问题的方法；④一门学问。显然这样的总结既宽泛，也不准确。而更加宽泛的是美国逻辑学家皮尔士（C. S.Peirce,1839-1914）曾归纳逻辑有近百种定义，为此他说："除开哲学之外，也许没有一个知识分支像逻辑这样被给予了如此众多的意义。"我们此章是以黑格尔的逻辑学为研究基点，但黑格尔在其《逻辑学》著作中也没有给出确切的定义，只是提到"思维与思维的规则是逻辑的对象"，[12]而他的逻辑有超自然的成分，融入概念的本质之中。其实是黑格尔是将正、反、合的辩证法纳入范畴学的规则之中而呈现的逻辑现象，最终是通过思维产生终极概念，推导绝对客观精神——上帝而已。

佛教的因明学正是运用的严格的三相推理，将隐蔽在事物现象的本质性东西提示出来，让人们认识和了解，乃至运用。因明学讲的因是正因、真因，不能是不成因、不定因或相违因等这些相似因去推导结论。因此因明强调的宗、因、喻三相极其规则和严格，离开这种三相齐全的逻辑都是错误的推理。因此，这种规则的严格性必然是逻辑的，故因明学又称逻辑学。他与西方逻辑学有许多不同，不能随意改变三相推理，因为这是保证结论正确的唯一前提，这种严格性如同数学的演绎分析，而又有归纳的成分。因此用今天的话说，是最具科学性的。在后面我们将比较佛学逻辑和黑格尔逻辑产生的差异，则会更加清楚因明的重要性。

佛教的因明学，因古文献翻译、文气词运隔膜、法相名词诸多，且法理深奥，思辨性强，令诸多学者望而却步。即使欲学者，因缺少佛教的基本知识，尤其是对佛学中观甚深见派及唯识广大行派没有深厚的佛学基础，且平时思维研究佛法又缺少行持，终日落在意识形态的分别念上而纸上谈兵，最终也不懂因明学的旨趣所归，这样的研究会让学者头昏眼花，晕头转向，不知所云。即使是有所了解也只是徒增无用知识和烦恼知障，不能自利利人。这里介绍的因明学将依据萨迦班智达根嘎嘉村的《量理宝藏论》，由索达吉堪布讲释，而提纲挈领式简单介绍，旨在提示因明学的规式及宗旨，并将与西方的逻辑学，尤其是与黑格尔的《逻辑学》进行简单比较，以此来增强对事物真理的认识性。

佛教的因明学也称量学。所谓"因明"，故名思义，是依照正确、不谬的原因来揭示事物本质规律，明了事物来源、发生、发展规律的学问。故对事物的规则说明和规律揭示就表现为可以确定的、可衡量的、能表现的固定关系，故为确量。因此陈那论师因明学最具代表性的论著是《集量论》，共有六品：现量品、自利品、观违碍品、他利品、观譬喻品和观能破品。还有《正理门论》和《观三时论》等八大论典。法称论师相当于陈那论师的师孙辈，但传承是直接来源于《集量论》等论典，为了准确解释陈那论师的观点，以释论的方式又造了七部论，即三个根本论典《释量论》《定量论》《理滴论》和四个分支论典即《因滴论》《关系论》《悟他论》《诤理论》，总称为《因明七论》。现在汉传佛教或藏传佛教研究学习的基本上都是以陈那论师和法称论师的这些论典而形成的佛教因明学，因此因明学又称量学，其因缘如此。

索达吉堪布所译释的《量理宝藏论释》（见中国文史出版社，2014年第1版）是完全根据的萨迦班智达根嘎嘉村的《量理宝藏论》造颂，此论完全无误地解释了陈那和法称两大论师因明量学的所有观点，共分为十一品：第一品观境；第二品观识；第三品观总别；第四品观建立遣余；第五品观能诠所诠；第六品观相属；第七品观相违；第八品观法相；第九品观现量；第十品观自利比量；第十一品观他利比量。[13]内容繁多，不能一一介绍。这里将概要简略式地撷取精要，使学人能很快明了因明量学的主旨所在。

因明量学所谈之量，又分为现量和比量。因为一切法相可概括为自体相和共相两部分，对应的量就是现量和比量。所谓现量是指无分别、无错乱的识相，即不加分别和无错乱的认识，如同康德讲的感觉的直观一样，通过五官眼、耳、鼻、舌、身的五根现量和意现量直观对境产生的法相。但因凡夫的分别念非常执著，故现量直观往往夹杂分别观念而导致不能正确观待事物，产生诸多迷惑，因此，现量又分凡夫现量和圣者现量。凡夫现量中有意现量、根现量和自证现量。圣者现量是瑜伽现量。瑜伽现量是完全无分别无错误的，能照了诸法自体的现理，因此又叫智现量。可分为有学道的现量（如阿罗汉、十地前菩萨等），无学道的现量（如佛）。所谓比量就是通过正确思维推理而得出的合理结论。故现量与比量都是正量。瑜伽现量因可以无误照见一切诸相故，其实不用比量，但因凡夫的现量因无明业力及分别念作用故，只能部分正确了知法相，对事物现象中所寓的本质真理不能完全明了，造成了诸多烦恼痛苦和难以解决的问题。故圆满瑜伽现量者佛陀依照正确无误的真实现量将事物中隐蔽的真理通过凡夫所能明了的方式比量提示出来，以使凡夫认识真理，且能正确运用真理。因此真实现量的真理又是胜义谛，依比量提示的道理和凡夫的同分妄见的现量成立的理论又称俗谛。故佛陀说法是依俗谛而入胜义谛，这是方便善巧的二谛说法。因此比量是以正确无误的现量作为坚实的基础。西方哲学中将真理定义成是思维认识与客观环境自然的完全吻合。而佛教的智见之理就与万事万物的所有法相相合无谬。故佛教又称为理事圆融之教。其原因是通过瑜伽现量可照见诸法实相，又将诸法实相之谛理如实宣说出来而已。

量中既然有正量，那就定会存在非量（只对凡夫而言）。非量即是非现量与非比量。非现量如眼病看见空中有二月显现等。非比量当然是因为不正确的原因推理所形成的错误结论。

在正确推理中尤其强调因是真因，不能是不成因、不定因和相违因。只有真因通过严格的三相推理才能得出结论，否则，运用不成因、不定因和相违因这似是而非的因为前提推导的结论一定是错误的。如同数学中严格运用的演绎逻辑相当。

所谓三项推理即是宗、因、喻三相。例如：瓶子无常性，因所作故，如柱子。瓶子作为有法，是无常，这是立宗。无常的原因是所作故，有为即无常，这是真因，用柱子为喻，而一切有为法中皆是如此，这是喻支部分。而喻支中必须成立同品周遍,即所有所作如柱子、瓶子、碗、汽车等等这些有为法中都是所作故,这叫同品周遍。但在异品中无所作的如虚空是无为法,所有无为法皆又不是所作,故异品也周遍其相违因,如非无常性。只有完成这样的条件,才能构成严格无误的三相推理,推出的结论定是正论。否则,因不是真因,而同品不周遍,或异品不周遍,或同异品中皆有中间地带,则不能构成正确的推理,那么结论也就难以保证其正确性。这样规则当然是严格的逻辑学。

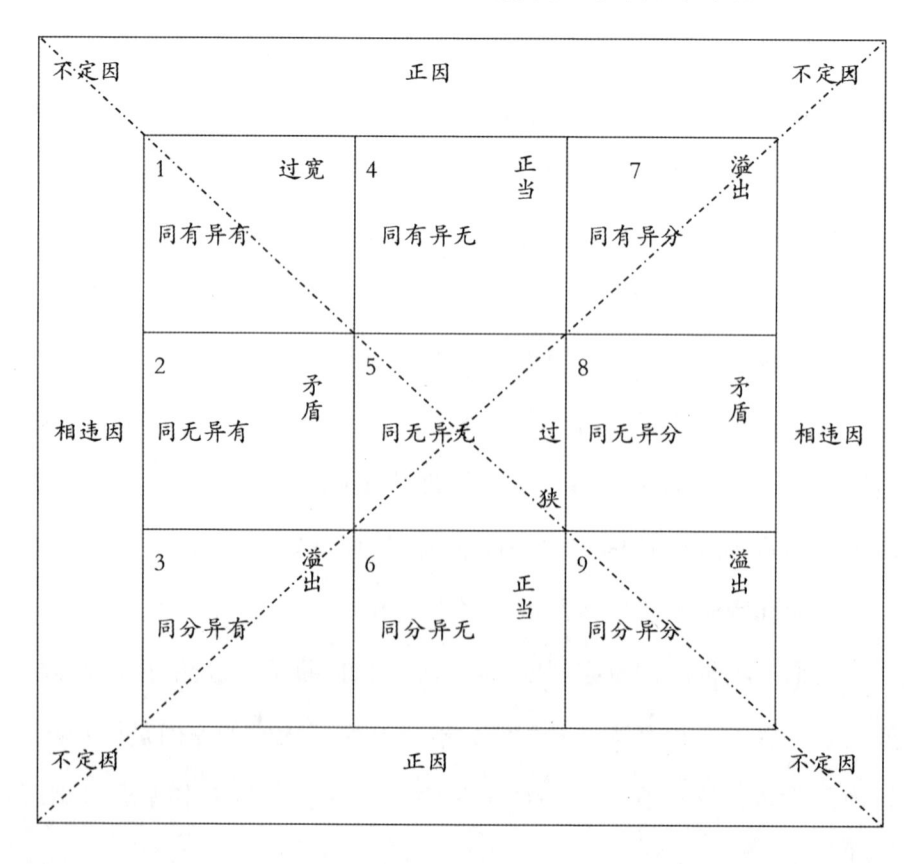

现在举例陈那论师的九句因图式作简要说明。如图:

不定因	正因		不定因
相违因	1 过宽 同有异有	4 正当 同有异无	7 溢出 同有异分
	2 矛盾 同无异有	5 矛盾 同无异无 过狭	8 矛盾 同无异分	相违因
	3 溢出 同分异有	6 正当 同分异无	9 溢出 同分异分
不定因	正因		不定因

在这个九句因图式中，"同品遍有"有三次（1、4、7）；"同品遍无"也有三次（2、5、8）；"同品分有"也有三次（3、6、9）；"异品遍有"有三次（1、2、3）；异品遍无也有三次（4、5、6）；"异品分有"也有三次（7、8、9）。

一共十八项，分九种情况组合。4、6代表了位置确定并严格依据正确规则轨道前进的因果系列；2、8是偏离的极端；别的都多少离开了正确的轨范。1、5的理论意义在于它的显示了理由（因）在两个品类中增溢的极限。3、7、9三种溢出情况最为普遍。只有两种情况下的因才是正确的，即4、6，其余的状况皆可以证实为虚伪性。七种情况的谬论，问题都在喻品上，如果理由过宽、过窄或有溢出，则便不能引出正确的结论，这便是不定因和不成因；还有若与所立宗相反，则是相违因。因此，每种逻辑错误都对应于比量式的规则，每种错误都只是对规则之一的违反。其实，作为4、6"同有异无"和"同分异无"所表示的正因，就是同品遍有及异品遍无的严格规则，只有以此规则前行，才能得到真理。[14]

这是非常神奇的陈那论师的九句因图式，而世界上的法相都有量的标准，故真理具有确定性，不是相对主义所说的"人是万物的尺度"（古希腊诡辩学派语）。看到九句因图式的过宽与过窄，又不禁让人想到中庸之理论，过与不及皆是不正之因，而正因才是中道的尺度和标准。故"正"而"诚"，自然中道，这是暗含在事物中的规律。

佛教经典中谈论逻辑量学，实际上是智者因见到凡夫的各种迷惑，对事物的不正确认识，偏离真理而产生无限痛苦，故由现量而比量地方便善巧引导其接近真理。但毕竟是因指望月，因为真如境界又不能言说说，不能意识识。才有言说，即乖真相；才有分别，即迷真如。无我空性中一法不可得，一法不可立。但这种实相瑜伽圣境凡夫难为难知，于是佛陀以现比量式方便二谛传法。《中论·观四谛品》中说："诸佛依二谛，为众生说法，一以世俗谛，二第一义谛。"如《金刚经》上言："如是灭无量无数无边众生，实无众生得灭度者。"这就是依二谛体性分别言说，并不是在某一体性既说为有，又说为无，而是就世俗谛说有生灭，就胜义谛说生灭等无。故《大智度论》亦说："佛法中有二谛，一者世谛，二者第一义谛；为世谛故说有众生，为第一义谛故说众生无所有。"此中"有"字是指"缘起有"，不是指"自性有"；"无"字是说"自性无"，不是说"完全无"，文字虽同，含义各异。

说"自性无"，凡夫因无明习气，执著一切事物为真为实，难解自性无义，则佛法中用比量推理，如"瓶是无常，因所作故"。符合三相齐全推理，那么所有有为法相皆如瓶，故一切有为法都无自性，是刹那刹那前灭后生，流转不住。凡夫现量不知不见，而执为实，圣智阿罗汉、菩萨、佛现量照了分明，故不执不著。还有因果报应，随业轮回的道理，众生也难了知。如莱布尼茨说，一切事物之所以这样，而不是那样，其背后必有理由，这就是充足理由律，但凡夫难穷尽事物发生的种种原因，故又怀疑因果律。佛教通过比量推理，所有事物不是自因所生、他因所生、自然而生或无因而生，而是因缘和合生。如豆生成豆芽，豆为其种，土壤、阳光、水份和合增上，在空间时间相续上不能破坏为等无间缘。由豆到芽，构成亲因缘、增上缘、等无间缘和所缘缘，四缘合和，又刹那变化，前刹那为因，后刹那为果，因因果果，果果因因，如大河长流，不断不常。这既表明了因果不虚的道理，也表示了随业轮回的现象。如人之生死，生之前必有原因，不能无因而生；死后必有其果，不能断灭因果，这些都可以通过比量的三相推理而了知的宇宙真相。故佛学中以现量为基，比量为用，从而很好地揭示了万事万物中所隐蔽的真理。

凡夫因业力无明所障，见有为法如瓶衣等只见颜色、形象等，不见瓶衣真实法性。而圣者依真慧智，所契有为法的真实法性。故凡夫的根识，往往为有害根识。诸法本来为一真如，但因圣智和凡夫所见不同，则于诸法见上有真有妄。六祖于《坛经》上说："凡夫见二，智者了达，其性无二。"《入中本颂》中说："由于诸法见真妄，故得诸法二种体；说见真境即真谛，所见虚妄名俗谛。"所谓凡夫五官的直观就是世俗谛之体，但却不见真实法性。而圣智所缘即是胜义谛体。即被现前迷乱之因所损害的根识所取的对境为颠倒境，反之，因圣智故未被现前迷乱因损害的根识所取之境则为无倒境。为了更好说明以上真理，不妨此处举一实例为证。王弘愿大阿阇黎在《密教讲习录》之《华严成佛及生佛不增减义》一文中，讲到二人相对辨相之真实现量是：

汝有五根，一、眼根；二、耳根；三、鼻根；四、舌根；五、身根。我亦有五根；摄为十种。先就汝五根，有同体异体门，谓眼中有耳等为同体，余四根相望为异体。于我五根亦有同体异体门，各有体用。体用有有力、无力义，故有即入义。同体与异体相望即入，唯摄之为同体五根。五根亦即入，摄为一眼根。是故我与汝唯有二眼，所执实我，本来非有。故定有即常，定无即断。故此二眼者，即缘生妙有，非定有故。缘起妙义，皆具足故。汝眼体空，我眼体有；汝眼用无力，我眼用有力。故汝眼体用即入于我眼，即摄为我一眼。耳亦如是即入，摄为我耳；鼻、舌、身亦如是，摄为我五根。即汝全体在于我五眼中，无碍自在。乃至依此义故，于我一一毛孔诸根中，全收你诸根毛孔尽。一一根处，有尔之全体。又我一一毛，载你顿人一毛中。如是重重无尽，乃至我一一毛，载尔入一尘中，一尘受我，我遍一尘。是故我举动与尔举动俱时。修因得果，亦可如此，乃至与一切众生相对亦如是。此事在断惑无间道位，为一切断；此事在成菩萨解脱道位，为一切成。乃至佛与众生相对亦如是。此事唯自他相对辨即入无碍一义，一切如此可准知。[15]

这是圣者瑜伽现量所证境界，凡夫颠倒错乱根识只分别我执和分别法执，以及俱生我执和俱生法执，而执着实我与实法，成"我相、人相、众生相、寿者相（《金刚经》中句）"。故有一期寿命，分段生死。并我与情与非情形成对境角立，造成一切是非、矛盾对立，且长久于中熏习流转而不自知，殊为可悲矣。

上一章在二律论中倡言大自由大自在之"十玄门"论，今以上述例理亦可予以证明：

（1）我与你体上，如上诸义，同时圆满具足，名第一门（即同时具足相应门）；（2）我与你诸根互相相容成立，一多无碍，各住自位，名第二门（即一多相容不同门）；（3）若见我唯我体，别无尔体，即汝隐我显也。若见尔即唯尔，无我体，即我隐尔显也。两处见，即有俱显俱隐义等，名第三门（即隐密显了俱成门）；（4）我眼耳支节各各全收你，乃是重重无尽，名第四门（即诸法相即自在门）；（5）我眼收你尽，即一切纯是眼等，是纯也。诸相同时具足，是杂也。此纯杂圆满具足，名第五门（即因陀罗网法界门）；（6）我诸根全收你体尽，一一皆彻遍诸根，无碍成立，名第六门（即广狭自在无碍门）；（7）我与你隐显一多，理事等诸义微细安立，名第七门（即微细相容安立门）；（8）我与你俱是有为法，遍九世十世常如此，名第八门（即十世隔法异成门）；（9）诸义皆唯心所成，名第九门（即托事显法生成门）；（10）托我与你生缘起正解，名第十门（即主伴圆明具德门）。[16]

以上真实现量所见之境，而又如实宣说，一切法相所显同样如此，成为万事万物之真理，没有任何比量成分。但众生迷惑故，不能见到真实现量，认为此理过于深奥，非但不能理解，反而会疑惑乃至诽谤。这也是无智之表现。此处特将现量所见与"十玄门"论对等而言，只为增强学者对真理之信心耳。凡夫不能正观现量，只能用比量方式扭转之。正比量所解决的是真因成因，能将凡夫的迷乱因通过比量方式给以击破，牵引其重建正因之观念，而成无倒之根识，从而明白诸法真理，这就是现量、比量的真实作用。

比量推理中，三相齐全的格式是立宗、成因、喻体。这与亚里士多德的逻辑学大前提、小前提、结论有何不同？其实从严格的逻辑意义上并无多大差异。但句式位置不同，所表现的意义也有所差别。

在亚氏的形式逻辑中，大前提是众所周知的公理，似乎是普遍必然的知识，小前提包含在其中，从而得出结论。如"凡人是有死的"，为大前提；"苏格拉底是人"，为小前提；得出结论是"苏格拉底有死"。此中大前提为直接原因，小前提是其中范畴，则小前提的结论必合大前提相同。小前提不能与大前提相矛盾，否则构成相违，无法得出结论。此中同一律明确因果关系，矛盾律和排中律也运用其中，既演绎分析，也有归纳推理。

若将亚氏的形式逻辑改成三相齐全推理是：立宗："苏格拉底有死"；因："凡人皆有死故。"喻体如"甲人有死"。在此三相中，虽没有说苏格拉底是人这一概念，但在喻品中定是同品比喻，说甲有死已包含苏格拉底是人这一前提。且能所现同品遍有而异品遍无的特点，因此为正确推理。这里也同样体现宗与因二支要么是同生相属，要么是彼生相属，构成严格的因果关系，而同品遍有为归纳推理，异品遍无虽也是归纳，更体现矛盾律和排中律。异品中绝对不能出现与同品之相同因性，故演绎分析和归纳判断也完全运用到了三相齐全推理之中。

但要看到，为何三相齐全推理中将立宗放在首位，而其后之因之喻是为证明立宗成立。在吕澂先生的《因明纲要》中说过，古印度是辩论式，应先摆明观点，让敌论派一目了然。再立因支和喻支说明立宗之正确。这与亚氏逻辑稍有差异。亚氏逻辑强调通过形式逻辑来推知未知事物，寻找真理。这一要求，在佛教因明学中也合理存在。但吕澂先生所说的尚是浅意，其更深的意义是理门学不是让凡夫新增长多少无用烦恼知识，而是将其错误的观念理正过来。因为凡夫的现量无论如何也难接近契入真理，只有圣者瑜伽现量才能真实照了对境而明实相。仅从凡夫角度，通过逻辑的同一律（A=A）的形式难以增长凡夫能力外的真知。这也就是苏格拉底之谜的底层意义。但当运用矛盾律、排中律时，有时难免产生不真因，故在大前提中往往会加入不成因、不定因、相违因来扰乱视听，导致观念的更加混乱，从而产生错误推理和结论。现举最为典型的黑格尔逻辑学一例为证：

黑格尔的《逻辑学》无疑是辩证法引入其固定规则中。产生了至少有以下几点的非正因（因明学中称为非量）的错误。

一是逻辑起点之谬：黑格尔逻辑学是以"存在论"开始，存在论中以"质"为前提,而"质"的起始点是"纯有"。纯有的定义是没有任何内容,一个孤零零的"是",等于虚无。从此开始到非有、变易再产生"定在"等等。这个"纯有"没有任何实质,等于虚无,相当于无实法的虚空,如何可变易成有,再成定在而转到本质?这在三相推理中是不成因;或者干脆说相违因,完全是矛盾的,纳入严格的三相齐全推理中因成了非因,结果肯定是错误的。这就是似比量即非比量的区域,凡学过正量论的人马上知道黑格尔的逻辑错误,但尤为可笑的是现在大学研究机构却将黑格尔的逻辑学总结为辩证逻辑而成了专门学问!在亚里士多德的形式逻辑推理中也不允许矛盾的前提在一起推出结论的。到黑格尔这里却造乱颠倒成如此荒谬。

二是逻辑终点之谬:即使承认黑格尔的辩证法的正、反、合为对,那么终点无论如何也推不出绝对客观精神——上帝的存在。因为上帝还要被否定,哪里又有"绝对"之成立?它不能成为实在的"定在",故这个上帝的"定在"只能停留在黑格尔的概念中,这显然是非比量形成的意识误区,难怪"概念说"才是黑格尔所讲的本质。这对现实又有什么用呢?在此所犯的逻辑错误导致其哲学似乎成了穷尽一切哲学真理,达到了绝对真理。辩证法至此又终结了。这种只将否定原则用于别人,而不用自身的做法,显然只是为了完成自己所臆断出来的目的而已,若依否定规律的同一性之继续,那黑格尔的哲学不被自我又否定了吗?

三是黑格尔将矛盾作为主体引入逻辑之中,实质上是破坏逻辑的严格推理，比喻数学中必须遵循同一律，才能构成无矛盾的演绎推理系统，否则到处是矛盾的非因，那数学及科学根本没有出路。

四是把矛盾看成是事物中的实在和根本原则的话，对世界的自然规律和人们精神心灵世界破坏也是巨大的。如黑格尔所说弱肉强食的合理性，崇尚的恶也是推动社会进步的动力，战争可以消解社会矛盾等等，这些都是反人性的恶劣做法。而将世界各民族又分成不平等的高低种性，历史又表现为螺旋上升趋势，一直到神圣的上帝，但又不能完全成为上帝，这都是矛盾的邪恶力量所致。于是，通过错误逻辑，总结出对立统一规律、否定之否定规律等，硬性的将火和水放在统一之中，如光明和黑暗可以并存一样，将对立刻在人们的心灵之中，将斗争置于自然界和人的精神世界中，显然其哲学推论是荒谬的，与真理体现的人间自然的平和、自由、博爱、广大、平等是背道而驰的。依照现量直观，任何物体变化皆刹那相续，而刹那生灭的自体既不存在矛盾，也无同生和彼生的关系，只是人们耽著共相，认为有同一、矛盾等各种规律，这只是分别念上所造成，并不是真实的诸法自相。

但不管怎么说，康德对自然的敬畏，让其哲学对理性不能论证的区域如上帝存在等只能以悬设的心态来观望和接近。但悬设是怀疑状态，怀疑是三相推理中的不定因，以不定因推理的方式仍然是非量的结果，这些在量理学中一定要被排除掉的，否则三相齐全的推理的严格性则无法保证，而亚里士多德的形式逻辑中就容易出现陈那论师九句因中的非正因部分，即犯有同品或异品中的过窄、过宽和溢出的错误，给后来的学者产了可钻的空档的漏洞。这就是因明学与西方逻辑学的巨大差异所在。明此不同的逻辑推理与论证，则文化的差异和高低就会显而易见。

注释：

[1] 阿赫客诺夫：《亚里士多德逻辑学说》，马兵译，上海译文出版社，1980年版，第111页。

[2] 杨百顺：《西方逻辑史》，四川人民出版社，1984年版，第104、105、110页。

[3][赵敦华：《西方哲学简史》，北京大学出版社，第270-271页。

[4] 黑格尔著，贺麟、王玖兴译：《精神现象学》上卷，商务印书馆1979年版，第10页。

[5] 邓晓芒、赵林著：《西方哲学史》，高等教育出版社，第253页。

[6] 赵敦华：《西方哲学简史》，北京大学出版社，第305-306页。

[7] 黑格尔：《法哲学原理》，序言，商务印书馆，2010年版。

[8] 弗兰克·梯利著，贾辰阳、解本远译：《西方哲学史》，光明日报出版社，第488页。

[9] 唐窥基大师著：《因明入正理论疏》卷第一，收于大正藏第四十四册。

[10] 转引自唐窥基大师著：《因明入正理论疏瑞源记》，上海商务印书馆，民国17年（1928）。

[11] 见袁野之文：《研究因明的学者及其学识的概述》。

[12] 黑格尔著，杨之一译：《逻辑学》，商务印书馆，1966年第1版，第24页。

[13] 萨加班智达根嘎嘉村造颂，索达吉堪布译释：《量理宝藏论释》，中国文史出版社2014年。

[14] [俄] 舍尔巴茨基著：《佛教逻辑》，商务印书馆，1997年版，第372-373页。

[15] 王弘愿大阿阇黎:《密教讲习录》，第一卷，华夏出版社，2010年版，第336-337页。

[16] 王弘愿大阿阇黎:《密教讲习录》，第一卷，华夏出版社，2010年版，第336-337页。